독자의 1초를
아껴주는 정성을
만나보세요!

세상이 아무리 바쁘게 돌아가더라도 책까지 아무렇게나 빨리 만들 수는 없습니다.

인스턴트 식품 같은 책보다 오래 익힌 술이나 장맛이 밴 책을 만들고 싶습니다.

땀 흘리며 일하는 당신을 위해 한 권 한 권 마음을 다해 만들겠습니다.

마지막 페이지에서 만날 새로운 당신을 위해 더 나은 길을 준비하겠습니다.

똑똑하게 코딩하는 법

자바 코딩의 기술

사이먼 하러, 요르그 레너드, 리누스 디에츠 지음

심지현 옮김

자바 코딩의 기술
JAVA BY COMPARISON

초판 발행 • 2020년 7월 30일

지은이 • 사이먼 하러, 요르그 레너드, 리누스 디에츠
옮긴이 • 심지현
발행인 • 이종원
발행처 • (주)도서출판 길벗
출판사 등록일 • 1990년 12월 24일
주소 • 서울시 마포구 월드컵로 10길 56(서교동)
대표 전화 • 02)332-0931 | **팩스** • 02)323-0586
홈페이지 • www.gilbut.co.kr | **이메일** • gilbut@gilbut.co.kr

기획 및 책임편집 • 한동훈(monaca@gilbut.co.kr) | **디자인** • 박상희 | **제작** • 이준호, 손일순, 이진혁
영업마케팅 • 임태호, 전선하, 지운집, 박성용 | **영업관리** • 김명자 | **독자지원** • 송혜란, 홍혜진

교정교열 • 박진영 | **전산편집** • 여동일 | **출력 · 인쇄** • 북토리 | **제본** • 신정문화사

▸ 잘못 만든 책은 구입한 서점에서 바꿔 드립니다.
▸ 이 책은 저작권법에 따라 보호받는 저작물이므로 무단전재와 무단복제를 금합니다.
  이 책의 전부 또는 일부를 이용하려면 반드시 사전에 저작권자와 (주)도서출판 길벗의 서면 동의를 받아야 합니다.
▸ 이 도서의 국립중앙도서관 출판예정도서목록(CIP)은 서지정보유통지원시스템(http://seoji.nl.go.kr)과
  국가자료종합목록구축시스템(http://kolis-net.nl.go.kr)에서 이용하실 수 있습니다.(CIP제어번호: CIP2020029043)

ISBN 979-11-6521-231-5 93000 (길벗 도서번호 007025)
정가 22,000원

독자의 1초를 아껴주는 정성 길벗출판사
(주)도서출판 길벗 | www.gilbut.co.kr

페이스북 • www.facebook.com/gbitbook
예제 소스 • https://github.com/gilbutITbook/007025

자바 중급 과정을 시작한 후로 계속 기다렸던 책입니다. 기초에 너무 많이 할애하지 않고 바로 좋은 코딩 실습으로 넘어가 단계별로 인사이트를 제공합니다. 훈련 예제는 해야 할 것과 하지 말아야 할 것을 비교하고 초심자가 핵심사항에 쉽게 다가갈 수 있게 해줍니다. 이 책의 내용은 오랜 기간의 수업 경험을 통해 다듬어졌습니다. 운 좋게도 이 책을 교과서로 읽을 수도 있지만 이 자체로 참고서로 써도 좋습니다. 내 수업에서도 이 책을 사용하기를 기대하고 있습니다. 자신의 코딩 스타일이 완벽하다고 생각하나요? 가져와 보세요!

― 귀도 뷔르츠 박사(밤베르크대 분산 시스템 그룹장, 컴퓨터과학 교수)

제가 프로그래밍을 처음 시작했을 때 〈자바 코딩의 기술〉이 있었다면 얼마나 좋았을까 생각했습니다. 어깨 너머로 보면서 알려주는 멘토, 그리고 여러분의 코딩 스킬을 다음 단계로 올라갈 때까지 인내심 있게 도와주는 멘토와 같은 책입니다.

― 아킴 바이머트(wOndary CTO)

〈자바 코딩의 기술〉은 자바 스킬을 레벨업하고 싶은 사람들이 읽어야 할 훌륭한 자료입니다. 〈이펙티브 자바〉와 〈클린 코드〉의 정수만 담았습니다.

― 요하네스 슈왑(유니버사 자바 아키텍트)

학생들이 초보자와 중급 사이의 갭을 해소할 수 있는 완벽한 안내서입니다.

― 올리버 코프 박사(슈투트가르트대 연구원)

〈자바 코딩의 기술〉은 자바 8 스타일로 업데이트된 간결한 예제로 잘 작성되어 있어 빠르게 읽을 수 있습니다. 초급 경력의 자바 개발자라면 적극 추천합니다.

― 아쉬쉬 바티아(소프트웨어 엔지니어)

〈자바 코딩의 기술〉은 유용한 지식을 전달하는 것과 지나치게 많은 것을 시도하지 않는 것 사이의 균형점을 잘 찾았다고 생각합니다. 주니어 개발자라면 〈이펙티브 자바〉보다 이 책이 더 쉽고 직접 적용할 수 있는 내용을 제공합니다. 숙련된 개발자라면 고개를 끄덕이면서 동의하는 부분이 있고 몇 가지 배울 점도 있을 겁니다. 개발자라면 읽어보는 것이 좋습니다.

― 세바스찬 라르손(사이버컴 스웨덴의 팀 리더)

소프트웨어 장인이 되려면 연습, 연습, 연습이 필요합니다. 〈자바 코딩의 기술〉은 이 연습 기간 동안 훌륭한 동반자가 될 수 있습니다. 나쁜 코드와 훌륭한 코드를 비교하면서 설명하기 때문에 수련 기간 동안 레퍼런스로 사용하기에 좋습니다.

— 줄피카 다마완(소프트웨어 엔지니어)

〈자바 코딩의 기술〉은 코딩 스킬을 향상시킬 수 있는 다양한 예제를 제공하고 초중급 프로그래머가 숙련된 프로그래머가 될 지름길을 보여줍니다. 이 책은 상위 레벨 구조보다 코드 구조에 중점을 둔 하위 레벨의 디자인 패턴을 제공합니다.

— 마틴 블롬 박사(칼스타드대 부교수)

자바 관련 지식을 한 단계 끌어올리고 싶다면 〈자바 코딩의 기술〉을 잘 읽어보세요. 제가 자바를 처음 시작했을 때 이런 종류의 책을 읽을 수 있었다면 얼마나 좋았을까 생각해보았습니다. 지난 시절 힘들게 배웠던 다양한 주제를 이 책은 쉽게 설명하고 있습니다. 훌륭한 프로그래머에서 위대한 프로그래머로 가는 길에 서고 싶다면 이 책을 반드시 읽어야 합니다.

— 라마닌더 싱 자즈(Betsson그룹 빅데이터 엔지니어)

잘 구성된 예제로 가득한 〈자바 코딩의 기술〉은 학생이든, 다년 간의 경험이 있는 개발자이든 도움이 될 겁니다.

— 이마누엘리 오리기(Funambol의 안드로이드 소프트웨어 엔지니어)

어떤 언어라도 문법을 익힌 후에는 관용어법을 배우게 됩니다. 자바를 처음 시작한 초보자이든, 이전 버전부터 배우기 시작한 숙련된 자바 개발자이든 〈자바 코딩의 기술〉이 자바를 더 능숙히 사용하기 위한 단계라고 생각합니다.

— 스테판 틸코브(INNOQ CEO)

사람을 관찰해보면 배울 점이 넘칩니다. 여러분과 한 여성이 같은 건물 쪽으로 걸어가고 있는데 그녀보다 몇 걸음 뒤에 있다고 가정해봅시다. 앞서 걸었던 그녀는 건물에 들어서면서 뒤따라 들어오는 여러분을 위해 잠시 문을 잡아줍니다. 공감과 인류애가 표출되는 순간이죠. 그녀는 여전히 앞으로 나아가지만 뒤따라 오는 여러분을 배려해주고 여러분의 보행도 조금이나마 즐겁기를 바랍니다. 여러분은 전적으로 타인이고 다시 만날 일도 없지만 그녀는 선행을 베풉니다.

많은 사람에게 프로그래밍은 열정인 동시에 깊은 공감과 인류애를 느끼게 해줍니다.

우리가 작성한 코드는 항상 누군가에게 다시 넘겨집니다. 때로는 이 코드를 넘겨받은 사람이 몇 시간, 며칠, 몇 주, 몇 달 뒤의 나 자신이기도 합니다. 물론 대부분 코드 변경, 버그 수정, 기능 추가, 소프트웨어 확장에 착수한 동료겠죠. 유지보수가 쉬운 코드 개발은 단순한 선행 그 이상입니다. 바로 전문가가 되는 과정이자 기술을 단련하는 과정입니다.

코드 작성은 어려운 작업이 아닙니다. 그러나 훌륭한 품질의 코드를 작성하려면 노력과 훈련, 무수한 연습이 필요합니다. 코드 품질의 정의는 매우 다양합니다. 이 책에서는 다음과 같이 정의하겠습니다.

코드 품질(Code Quality)

코드 품질은 코드를 이해하는 데 쏟아야 할 노력에 반비례한다.

훌륭한 코드는 매우 명확합니다. 읽는 이에게 논리가 분명히 전달되어 작업이 순탄하게 이어집니다. 형편없는 코드는 이해하기 어렵고 논리도 감추어져 있습니다. 엉터리로 작성된 코드는 내용을 자세히 파악하려면 시간과 노력을 쏟아부어야 합니다.

자리에 앉아 기능이나 특정 로직을 프로그래밍할 때는 이 기능이 동작하는 데만 집중합니다. 프로그래밍은 작은 실험과 발견의 연속입니다. 당면한 문제를 구현하려면 대부분 해결책과 접근 방식을 고안해내야 하죠. 코드 생성은 첫 번째 단계일 뿐입니다. 코드는 한 번에 작성되지만 여러 번 읽어가면서 향상됩니다. 저품질의 코드를 생성하면 제 기능을 완벽히 해보이더라도 코드의 소유 비용이 점점 늘어납니다.

코드 작성을 위해 고용된 대다수 프로그래머는 동작하는 소프트웨어를 납품합니다. 평범한 프로그래머와 뛰어난 프로그래머는 후속 작업자를 얼마나 더 편하게 해주는가에서 차이가 납니다.

훌륭한 품질의 코드 작성은 기술입니다. 여느 기술처럼 획득하고 향상시키려면 의식적으로 노력하고 비평을 받고 공들여 배워야 합니다. 끊임없는 노력이 있어야 고품질의 코드 작성이 몸에 배면서 쉬워집니다. 과정은 힘들더라도 동시에 놀라운 학습 경험이죠. 이러한 배움은 훌륭한 책을 읽는 데서도 비롯됩니다. 지금 막 읽으려는 이 책처럼요.

30년 이상 프로그래밍해오며 이 책에 등장하는 대부분의 실수를 저질러 보았습니다. 최근에는 학생이 작성한 코드와 업계 전문가가 작성한 코드를 함께 리뷰하며 많은 시간을 보내고 있습니다. 학생과 전문가 모두 종종 똑같은 실수를 저지릅니다. 이 책을 읽다 보면 이미 저질렀을지도 모를 실수가 순간적으로 떠오를지도 몰라요. 문제 해결의 첫 단추는 깨닫는 것입니다. 이 책의 저자는 코드 스멜과 이슈, 잘못된 코드 더미가 불러올 결과를 각각 설명하며 독자가 놀랄 만큼 멋지게 이끕니다. 또한 문제를 피하는 법과 고품질의 코드 작성법, 품질을 높여 얻을 수 있는 이점을 설명합니다.

너무 급히 읽으려고 하지 마세요. 추진력을 얻으려면 때로는 느긋해야 합니다. 페이지를 넘겨가며 잘못된 코드 더미를 천천히 하나씩 읽고 잘못된 것을 가려내는 데 시간을 쏟으세요. 직접 적어 내려가세요. 그리고 저자의 설명과 맞추어 가며 읽으세요. 몰입도가 높아지고 품질과 스타일 감각을 기르는 데 도움이 될 겁니다. 또한 제시된 해법과 근거를 곧바로 읽지 말고 가능하면 해결책을 한 번 더 충분히 생각해 보세요.

코드 작성은 재미있습니다. 이해하고 발전시키기 더 쉬운 코드 작성은 진정 더 없는 행복입니다. 패기있는 프로그래머가 존경받는 전문가로 거듭나도록 도와 주는 책을 만난다면 진심으로 반가운 일입니다. 이 책의 저자를 가이드 삼아 훌륭한 지도를 받아보세요.

프로그래밍을 매우 멋진 기술로 바꾸어봅시다.

벤카트 수브라마니암 박사
애자일 개발자 주식회사 회장
2017년 12월

초기 아이디어가 책으로 출간되기까지 긴 시간이 걸리기도 합니다. 이 책은 유럽 축구선수권대회인 2016 UEFA 유럽 챔피언십 대회 도중에 시작되었습니다. 당시 사이먼과 리누스는 독일 밤베르크대학에서 '고급 자바 프로그래밍'이라는 과목을 가르치고 있었는데 그 과목은 사이먼과 요르그가 5년 동안 공동개발해 온 과목이었죠.

점점 수강생이 늘면서 프로그래밍 과제물의 코드 품질을 일일이 피드백하기가 어려워졌습니다. 코드 품질이라는 강박관념에 서서히 사로잡히며 사이먼과 리누스는 축구경기를 시청하면서도 그 문제를 논의하고 있었습니다. 타고난 재능에도 불구하고 학생들은 계속 같은 실수를 저지르고 있었습니다. 마침내 둘은 공통문제 모음이라는 해결책을 찾아냈습니다. 문제를 거듭 설명하는 대신 각 실수마다 이름을 붙인 후 클린 코드 해결책 하나를 제시하고 학생들이 알아야 할 모든 내용을 설명했습니다. 이로써 학생들에게 그러한 항목만 알려주면 되니 엄청난 시간절약뿐만 아니라 피드백 수준도 향상되었죠!

〈자바 코딩의 기술〉이라는 아이디어가 탄생하면서 축구경기를 시청하던 느긋한 저녁 시간은 순식간에 코드 비교를 만들고 초안을 작성하는 시간으로 변했습니다. 마침내 사이먼과 리누스는 그 과정이 실제로 유용한 프로그래밍 책으로 탈바꿈할 수도 있겠다는 사실을 깨닫고 요르그를 참여시켰습니다. 출판사에 제안할 초안을 완성해 제출하고 채택된 후 실제 작업에 돌입했습니다.

수많은 기여가 없었다면 이 책은 결코 현재와 같지 못했을 것입니다. 무엇보다 분산 시스템 그룹이 한데 모여 성장하고 박사학위를 취득하고 이 책이 세상에 나올 수 있는 든든한 환경을 제공해주신 귀도 비르츠 박사님께 감사드립니다. 수업 중에 활용했던 훌륭한 책의 저자이자 이 책의 추천사를 써주신 벤카트 수브라마니암에게도 감사드립니다. 또한 매 장의 시작마다 인용문을 넣을 수 있도록 허락해주신 모든 분께 감사 인사를 전합니다. 한 분씩 말씀드리면 데이비드 하이네마이어 핸슨, 마틴 파울러, 션 파렌트, 스티브 맥코넬, 필 칼턴, 앨런 J. 펄리스, 데이브 토마스, 앤디 헌트, 데이비드 휠러, 마이클 페더스, 톰 카길께 감사드립니다.

이뿐만 아니라 이 책의 전반적인 수정 단계에 걸쳐 베타 리뷰어에 자원하고 뛰어난 기술 리뷰를 제공해주신 분들이 많습니다. 오류를 찾아내고 개선점을 제안하고 책 전체를 훨씬 훌륭하게 바꾸어주셨죠. Cedric Röck, Oliver Kopp, Michael Träger, Jan Boockmann, Venkat Subramanian (again), Matthias Geiger, Johannes Schwalb, Hendrick Cech, Klaus Stein, Ivo Balbaert, Al Scherer, Philipp Neugebauer, Emanuele Origgi, Ashish Bhatia, Zulfikar Dharmawan, Achim Weimert, Sebastian Larsson, Ramaninder Singh Jhajj, Martin Blom, Marcus Biel에게 감사드립니다.

끝으로 PragProg 가족에게도 고마움을 꼭 표하고 싶습니다. 특히 편집자인 안드레아 스튜어트 님, 감사합니다. 묵묵히 참아가며 끝없이 수동태 문장을 능동태로 바꾸어주고 실용적 문체에 익숙해지도록 도와주어 고맙습니다. 이 책이 나오기까지 뒤에서 힘써주신 분이 정말 많습니다. Susannah Pfalzer, Jackie Carter, Katie Dvorak, Brian MacDonald, Andy Hunt에게 대단히 감사드립니다.

언어의 기초를 모두 익혔더라도 전문가로 가는 길은 험난합니다. 모든 언어가 그렇듯 자바를 처음 접하면 일단 타입과 연산자, 조건문, 반복문 등 언어의 기본 재료를 배웁니다. 이 정도의 지식을 갖춘 학생들에게 간단한 알고리즘 구현을 시켜보면 조금씩 다른 결과물을 냅니다. 매우 미미한 차이죠. 하지만 시간이 흐르면서 어떤 코드를 접하고 어떤 과정을 따랐는가에 따라 차이가 점점 벌어집니다.

코딩을 잘하려면 어떡해야 할까요? 코딩 기술은 경험으로 쌓입니다. 즉 실수를 저지르고 고쳐가면서 향상됩니다. 다만 코딩의 세계는 생각보다 넓어 혼자 힘으로는 역부족이고 다른 이의 경험을 밑바탕 삼아야 즉 모범 사례를 많이 보아야 큰 효과를 거둘 수 있습니다. 프로그래밍 초보자는 훌륭한 코드를 구분해내는 시야를 아직 갖지 못한 상태입니다. 이 책을 통해 다른 이의 경험을 빌려와야 하는 이유입니다.

이 책에서는 직접 가르쳐본 선생님의 입장에서 학생들이 자주 범하는 여러 실수를 카테고리별로 분류한 후 실수를 명확히 정의하고 해법을 제시합니다. 전후 코드 조각을 제공해 무엇이 잘못되었고 어떻게 바꾸었는지 자세히 설명합니다. 각 장의 소제목만 보아도 '~하기', '~하지 않기', '~ 피하기', '~ 사용하기' 등 한 눈에 보아도 선배가 조언해주는 느낌이 들죠. 실전에 바로 사용함으로써 코드 품질을 높여줄 만한 모범 사례로 가득합니다.

코딩 기술은 체득해야 하는 다양한 요구 사항을 말합니다. 체득이란 몸소 겪어야만 의미를 깊이 이해하고 스스로 해볼 수 있다는 뜻입니다. 그런 면에서 개념을 설명하고 예시를 드는 전형적인 방식에서 벗어나 하나의 주제별로 훌륭한 코드와 형편없는 코드를 비교해가며 조언하는 저자의 방식은 매우 효과적입니다. 게다가 서로 독립적이어서 꼭 차례대로 읽지 않아도 되고요.

내가 잘하고 있는 걸까, 내가 작성한 코드는 과연 품질이 좋은 걸까 문득 의심이 될 때마다 이 책을 친구처럼 옆에 두고 읽어보세요. 관련된 장을 펼쳐 하나씩 점검해보세요. 주석이나 명명에서 기본적인 관례를 잘 따르고 있는지, 흔히 저지르는 실수는 없는지, 더 최적화할 방법은 없는지, 테스트는 잘 이루어지고 있는지, 객체 디자인은 적절했는지 등을 말이죠. 이런 과정이 쌓이고 쌓여 일관되고 훌륭한 코드 작성으로 이어집니다.

심지현

사용한 양식에 대해 설득력 있는 전후 코드를 제공할 수 없다면 엉터리 약을 파는 것이다.

- 데이비드 하이네마이어 핸슨

데이비드 하이네마이어 핸슨의 말에 전적으로 동감합니다.

프로그래밍 기법을 제안하려면 그 제안이 이전에 나왔던 방법보다 나은 점을 간단히 입증할 수 있어야 합니다. 사실 관계를 논하는 전후 접근법으로 기존 코드와 새 코드를 바로 비교할 수 있습니다. 그런 후에야 어느 방법이 더 나은지 사실에 근거한 결정을 내릴 수 있습니다.

프로그래밍 방법을 배울 때도 마찬가지입니다. 자바에서 어떻게 코딩하는지 알려면 훌륭한 코드와 형편없는 코드를 비교하는 방법이 무척 유용합니다.

6년 이상 대학에서 프로그래밍을 가르쳐왔습니다. 강의를 몇 번 하고 나면 **항상** 이렇게 묻는 학생들이 있습니다. "코딩 기술을 더 늘리려면 어떡해야 하나요?" 질문을 던진 학생들은 프로그래밍 과제에서 두각을 나타냈으므로 나는 "전문가가 만든 코드를 읽어보세요."라는 판에 박힌 조언을 해주었습니다.

솔직히 그런 조언은 별 도움이 되지 못했습니다. 오픈 소스 소프트웨어 세상에는 코드가 넘쳐나는데 어디서부터 읽어야 좋을지 말해주기 어렵습니다. 실제로 프로젝트 내 전문 코드와 맞닥뜨린 초보자는 그 복잡도에 쉽게 압도당합니다. 게다가 어느 코드의 품질이 정말 뛰어난지 어떻게 알 수 있겠어요? 설사 알 수 있더라도 겨우 몇 달 동안 프로그래밍해본 경험으로 고품질의 코드와 결함이 있는 코드를 어떻게 구분하겠어요?

드디어 이 책 〈자바 코딩의 기술〉이 나설 차례입니다. 이 책은 올바른 방향으로 읽어 나가도록 안내해주는 동반자입니다. 잘못된 코드와 훌륭한 코드를 비교해 훌륭한 자바 코드 작성법을 배울 수 있습니다. 장담컨대 수년 간 학계 수

강생과 업계 전문가, 오픈 소스 프로젝트 기여자가 작성한 코드를 리뷰하며 나쁜 코드와 훌륭한 코드를 충분히 보아왔습니다.

그래서 앞에서 설명한 전후 접근법을 사용합니다. 이 책에서는 70개의 전후 코드 조각을 제공합니다. 자바 프로그래밍을 시작한 초보자가 실력을 향상시킬 수 있는 코드 조각이죠. 학부생에게 자바를 가르치면서 그런 코드를 찾아냈습니다. 모두 프로그래밍 과제를 고쳐줄 때 보았던 코드입니다.

이 책의 설명 방식은 간단합니다. 코드 조각을 제시한 후 무엇이 왜 잘못되었는지 설명합니다. 이어서 코드를 더 나은 해법으로 어떻게 바꾸는지 보여줍니다.

대상 독자

자바 프로그래밍 초보자나 중급자가 대상입니다. 또한 프로그래머 과정을 이제 막 시작한 개발자를 가르치는 선생님에게 유용한 수업 자료입니다. 이 책은 자원 처리나 함수형 프로그래밍, 테스트에 대해 더 최신인 자바 8* 문법에 기반해 팁과 비결을 제공합니다.

이 책은 자바 기본 문법을 학습하고 조건문과 루프로 간단한 프로그램을 만들 수 있고 객체 지향 프로그래밍의 기초를 알고 난 후에 읽어야 합니다. FizzBuzz(**준비되었나요? 자기 평가를 해보세요** 참고, 015쪽) 같은 간단한 문제를 컴파일하고 실행하고 해결하는 코드 정도는 작성할 수 있어야 합니다. 간단한 알고리즘을 구현할 수 있어야 하고 리스트나 큐, 스택, 맵 같은 기본적인 자료 구조를 사용하는 방법도 알아야 합니다. 또한 이 모든 것이 당연히 즐거워야 하고요!

---

* 오라클에서 이미 자바 9를 출시했습니다. 이 책의 모든 코드는 자바 9에서도 유효하니 안심하세요.
  역주 2019년 9월 자바 13이 출시되었고 오라클 사는 매년 3월과 9월에 새로운 자바 버전을 출시하고 있습니다. 2020년 3월에는 자바 14, 9월에는 자바 15가 출시될 예정입니다.

복잡한 문제를 풀었을 때 큰 만족감을 느낀다면 시작이 매우 좋은 겁니다. 하지만 배울 내용이 산더미라는 사실도 물론 알고 있겠죠. 기술을 적용해보았는데 자바 프로그래밍이나 일반적인 프로그래밍 경험이 부족하다는 사실을 인정해야 한다면 이 책을 통해 최대효과를 거둘 수 있을 것입니다. 아마도 **클린 코드**와 숙련된 개발자가 적용하는 모범 사례에 대한 감을 아직 키우지 못했다는 뜻일 테니까요.

이제 바뀔 때가 되었습니다!

물론 〈이펙티브 자바〉(인사이트, 2018)와 〈클린 코드〉(인사이트, 2013)처럼 자바의 코드 품질과 가독성, 유지보수성, 클린 코드를 다룬 고급 책을 이미 접했다면 이미 한 발 멀리 나아갔다고 할 수 있습니다. 그래도 이 책에서 새로운 내용을 더 찾을 수 있을 것이고 꼭 그럴 거예요.

이 책으로 클린 코드 가르치기

기업에서 신입사원에게 프로그래밍을 가르치는 선임 개발자라면 이 책에서 다룰 모범 사례를 익히 알고 있겠죠. 물론 업무에 따라 동의하지 못하는 사례도 있을 것입니다. 그래도 이 책을 통해 더 편하게 주니어 개발자를 훈련시킬 수 있습니다. 참조용으로 활용하면 됩니다. 수습사원이 작성한 코드에서 문제를 발견하면 이 책에서 해당하는 절을 알려주세요. 수습사원은 당신이 언뜻 내비친 문제에 대해 간단한 예제와 함께 문제 해법에 도달하는 방법을 읽을 수 있습니다. 일일이 설명을 쓰지 않아도 되니 시간을 아낄 수 있습니다.

2~3학년까지 자바를 배운 학생 대상으로 교수법 개념을 개발해온 우리의 경험이 학계에서 가르치는 데 유용할 것입니다. 이 책은 대학 학부생을 대상으로 15년 이상 코드 품질을 고급 과정으로 가르쳐온 지식의 산물입니다. 자바를 밑바닥부터 가르치지는 못하더라도 기본적으로 프로그래밍 과제를 포함하는 어

떤 과목과도 어울립니다. 특히 이 책은 **클린 코드 교육**[DMHL18] 워크숍 논문에서 설명했듯이 학생 코드를 평가할 때 참고하기 좋습니다.

준비되었나요? 자기 평가를 해보세요

초보 프로그래머라면 이 책에 나오는 자료를 이해할 준비가 되었는지 알기 위해 FizzBuzz(Fizz Buzz Test* 또는 FizzBuzz로 코딩을 이해하는 개발자 찾기** 참고)라는 간단한 자기 평가를 해보기 바랍니다. 면접에서 이 테스트로 지원자가 프로그래밍을 정말 할 수 있는지 알아보는 고용주도 있습니다. 과제는 다음과 같습니다.

> 1부터 100까지의 숫자를 콘솔에 출력하는 프로그램을 (자바로) 작성하시오. 단 3의 배수마다 숫자 대신 'Fizz'를 출력하고 5의 배수마다 'Buzz'를 출력하시오. 3과 5의 공배수이면 'FizzBuzz'를 출력하시오.

테스트를 더 흥미롭게 바꾸기 위해 객체 지향을 적용하고 클래스와 인터페이스도 사용할 수 있는지 알아보는 식으로 살짝 확장하겠습니다. FizzBuzz 알고리즘을 FizzBuzz라는 인터페이스를 구현하는 ConsoleBasedFizzBuzz라는 클래스로 구현해야 합니다. 이 인터페이스는 출력할 처음과 마지막 숫자를 인수로 받는 메서드를 제공합니다. 별개의 Main 클래스에 들어 있는 main 메서드에서는 1부터 콘솔에서 전달받은 값까지 세는 ConsoleBasedFizzBuzz 구현과 함께 FizzBuzz 인터페이스를 사용해야 합니다. 간단한 템플릿으로 개략적인 구조를 보여드리겠습니다.

---

* http://c2.com/cgi/wiki?FizzBuzzTest

** https://imranontech.com/2007/01/24/using-fizzbuzz-to-find-developers-who-grok-coding/

```
interface FizzBuzz {
    void print(int from, int to);
}

class ConsoleBasedFizzBuzz implements FizzBuzz {
    // TODO: FizzBuzz 인터페이스 구현
}

class Main {
    // TODO: main 메서드 사용
    // TODO: 1부터 max까지 fizz buzz 출력
    // TODO: max는 콘솔로부터 전달받음
}
```

15분 안에 과제를 끝낼 수 있어야 합니다. 앞에서 나열한 링크 중 하나에 스스로 비교해볼 수 있는 FizzBuzz 문제의 해법이 나와 있습니다. 과제를 해냈다면이 책을 최대한 활용할 준비가 된 거예요. 아니라도 걱정하지 마세요! 그래도 계속 읽으세요. 조금 더 오래 걸리고 곳곳에서 비교를 이해하기 어려울 수 있습니다. 그래도 이 책에 나오는 간단한 연습 문제를 풀며 프로그래밍을 연습하다 보면 금방 궤도에 오를 거예요.

프로그래밍 기술을 연마하고 코드에 대한 피드백을 얻을 수 있는 훌륭한 온라인 자원이 많습니다. codewars.com이나 cyber−dojo.org를 방문해 보세요. 다양한 난이도로 프로그래밍 기술을 훈련할 수 있습니다. 수학 지식이 있다면 오일러 프로젝트* 문제를 푸는 것도 무척 흥미롭습니다.

반면, FizzBuzz 테스트가 너무 쉽고 해법이 수 초 내에 컴파일되어 실행되었다면 이미 이 책에 설명된 연습 중 일부를 알고 있을 수 있습니다. 물론 얻을 수

---

* https://projecteuler.net
  한국어 사이트: http://euler.synap.co.kr/

있는 지식은 여전히 남아 있습니다. 각 비교는 모두 독립적으로 구성했습니다. 그러니 이미 알고 있는 부분은 자유롭게 뛰어넘고 생략하세요.

이 책의 목적

개발자는 **훌륭하거나 클린 코드**의 전제 조건으로 여기는 여러 요구 사항을 머릿속에 담아둡니다. 그 모든 요구 사항을 지키는 코드가 개발자 관점에서 **훌륭하거나 간결하다**고 여겨지죠. 개발자마다 요구 사항은 다릅니다. 물론 프로그래밍 언어도 다르고요. 그럼에도 불구하고 언어에는 전형적으로 '핵심' 요구 사항과 모범 사례가 있습니다. 명시적으로 문서화되지 않았더라도 개발자 커뮤니티에서 승인하고 허용한 측면들이죠. 이 책에서는 자바 커뮤니티에서 통용되는 수많은 실전 사례를 아직 잘 모르는 개발자를 위해 클린 자바 코드를 위한 모범 사례를 제공하고자 합니다.

초보자에게 있어 좋은 자바 코드를 위한 요구 사항 목록은 아마도 아래와 같이 간단하겠죠.

- 코드는 컴파일되어야 한다.
- 출력은 정확해야 한다.

위 목록은 프로그램의 기능적 정확도만 확인할 뿐 코드 품질은 거의 알려주지 않습니다. 숙련된 프로그래머는 코드 품질에 더 많이 신경쓰므로 점검할 목록이 훨씬 더 깁니다. 코드를 힐끔 보기만 해도 결함과 부적절한 이름 짓기, 테스트하기 어려운 메서드, 부족한 일관성, 나쁜 코드 작성 등 많은 사항을 찾아내죠.

이 책은 좀 더 많은 점검 목록을 체득할 수 있는 두뇌 훈련에 집중함으로써 숙련된 전문 프로그래머 양성을 목표로 합니다. 이 책의 각 항목은 체득해야 할 점검 목록입니다.

이 책에 사용된 규칙

책 전반에 걸쳐 각 점검 목록을 설명할 때마다 정해진 구조를 사용합니다. 이것을 '비교'라고 부르고 이 명칭을 끝까지 고수하겠습니다.

각 비교마다 기억하기 쉬운 이름을 붙였습니다. 점검 목록을 머릿속에 기억하기 쉽도록 말이죠. 이 책의 점검 목록 역할을 하는 목차를 한 번 보세요. 비교에 이름을 붙였더니 읽었던 내용을 서로 논하기도 더 쉽습니다. 마치 추천 사항처럼 여기도록 항목을 명명했습니다. 각 항목 앞에 '반드시'를 붙여도 좋습니다. "반드시 불필요한 비교 피하기"처럼요. 이 예제에서는 "입력을 절대로 믿지 말라"처럼 기억하기 쉬운 이름을 골랐습니다.

이름 바로 뒤에는 코드 조각을 제시하면서 문제가 있는 부분을 표시했습니다. 코드 조각은 아래처럼 몇 줄로 이루어진 블록이거나 단 한 줄일 수도 있습니다.

```
class HelloWorld {
    public static void main(String[] args) {
        System.out.println("Hello " + args[0]);
    }
}
```

코드 조각에서는 요점을 최대한 흐리지 않아야 합니다. 그래서 문제의 본질에 다가가기 위해 코드를 조금씩 줄였습니다.

1. import와 package 선언은 생략합니다. 물론 내려받을 코드에는 선언이 들어 있습니다. 그렇지 않으면 컴파일이 안 되니까요.

2. 명시적으로 필요하지 않은 한 public이나 private 같은 가시성(visibility) 한정자도 쓰지 않았습니다.

코드 조각에 이어 문제가 무엇인지 설명합니다. 대신에 JavaDoc, 관련 항목, 웹 페이지 같은, 더 읽을 만한 참고 자료를 제공합니다.

그런 후 해법 코드를 보여주고 해결된 부분을 강조해 표시했습니다.

```java
class HelloWorld {

    public static void main(String[] arguments) {
        if (isEmpty(arguments)) {
            return;
        }
        System.out.println("Hello " + arguments[0]);
    }

    private static boolean isEmpty(String[] array) {
        return (array == null) || (array.length == 0);
    }
}
```

문제가 있는 코드와 해법 사이의 차이가 거의 없을 때도 있습니다. 차이가 클 때도 있죠. 어느 쪽이든 코드 자체로 더 나은 코드를 작성하는 방법을 알 수 있어야 합니다. 각 항목은 두 페이지를 벗어나지 않도록 신경썼습니다. 왼쪽(또는 첫 페이지)에는 문제를 보이고 오른쪽(또는 두 번째 페이지)에는 해법을 보입니다. 이로써 페이지를 왔다갔다하지 않고도 두 코드를 비교할 수 있습니다. 각 항목이 무엇을 설명하는지 알기도 훨씬 쉽습니다.

왜 배워야 하나요? 9.1 정적 코드 분석 도구(235쪽)가 있는데…

누군가는 이렇게 말할 수 있습니다. "코드의 결함을 찾는 Checkstyle[*]이나 Find

---

[*] http://checkstyle.sourceforge.net/

Bugs[*], SpotBugs[**], Error Prone[***], PMD[****] 같은 **9.1 정적 코드 분석 도구(235 쪽)**를 이미 사용하고 있습니다. 그런데 왜 굳이 이 책을 계속 읽어야 하나요?"

경우에 따라 맞는 말이지만 이 책에 나오는 모든 문제에 해당하는 말은 아닙니다. 코드의 문제를 **자동으로 올바르게** 평가하는 도구가 있었으면 정말 좋겠습니다. 기존 도구는 훌륭하지만 완벽하지 않습니다. 이러한 도구가 규칙 집합을 익혀 어떤 위반이든 찾아내는, 철저하고 무자비하고 사소한 실수도 용납하지 않는 로봇이라고 생각해 보세요. 코드를 향상시키기 위해 어떤 규칙을 위반해야만 하는 상황이 있다는 사실을 절대로 이해할 수 없을 거예요. 도구를 성공적으로 사용하려면 세밀히 조정해야 하고 코드 품질과 당면한 프로젝트에 대한 깊은 지식이 필요합니다.[*****] 도구는 몇 가지 문제를 놓치지 않고 잡아낼 수 있지만 숙련된 프로그래머는 절대로 이길 수 없습니다.

도구가 숙련된 프로그래머를 이길 수 없다는 사실은 희소식입니다. 숙련된 프로그래머의 기술(skill)에 대한 수요가 많다는 뜻이니까요. 도구는 여러 가지를 검사하지만 탐지한 자세한 이유는 설명하지 않습니다. 게다가 문제 해결법은 거의 알려주지 않죠. 탐지 도구의 경고만 보면 문제의 해법이 명확하지 않고 코드를 자동으로 고칠 수 있는 경우도 흔하지 않습니다. 직접 고쳐야 하는데 이 과정에서 오류가 발생하기 쉽습니다. 특히 아직 자바를 배우는 중이라면요. 초보 프로그래머에게 도구는 수정하는 데 별 도움이 못 됩니다. 그럴 때 이 책이 필요합니다. 자바를 배우면서 흔히 일상적으로 저지르는 프로그래밍 오류를 일깨워드려 보겠습니다.

---

[*]   http://findbugs.sourceforge.net/
[**]   https://github.com/spotbugs/spotbugs
[***] http://errorprone.info/
[****] https://pmd.github.io/
[*****] 명심하세요! 바보는 도구를 사용해도 바보입니다!

이 책의 구성

자바를 처음 배웠다면 책을 처음부터 끝까지 정독하길 바랍니다. 지극히 기초부터 시작하지만 점점 자바의 테스트와 객체 지향 디자인, 함수형 프로그래밍과 같이 더 도전적인 주제로 나아갑니다. 자바에 익숙하다면 첫 두 장은 건너뛰고 특화된 주제로 곧바로 넘어가세요.

개요를 간단히 보여드리겠습니다.

- **1장 우선 정리부터**에서는 읽고 이해하기 쉬운, 올바른 코드 작성법에 대해 일반적인 조언을 건넵니다. 조건이나 괄호와 같은 여러 가지 자바 기초 문법도 간단히 다룹니다.
- **2장 코드 스타일 레벨 업**에서는 순회나 서식화, 자바 API 사용법과 같은 좀 더 고급스러운 코딩 개념과 문제를 논합니다.
- **3장 슬기롭게 주석 사용하기**에서는 코드를 잘 설명하는 법을 다룹니다. 주석을 어떻게 작성하고 언제 제거해야 하는지에 대해 조언합니다.
- **4장 올바르게 명명하기**에서는 다른 프로그래머가 쉽게 이해할 수 있도록 자바 코드 요소에 적절하고 간결한 이름을 할당하는 법을 설명합니다.
- **5장 문제 발생에 대비하기**에서는 자바에서 예외를 어떻게 처리해야 하는지 알려줍니다.
- **6장 올바르게 드러내기**에서는 JUnit5로 훌륭한 단위 테스트를 작성하는 법을 보여줍니다.
- **7장 객체 디자인**에서는 객체 지향 디자인 원리를 개략적으로 소개합니다.
- **8장 데이터 흐름**에서는 람다 표현식을 사용한 자바의 함수형 프로그래밍을 논합니다.
- **9장 실전 준비**에서는 실제로 소프트웨어를 만들고 배포하고 유지보수할 수 있는 여러 자료를 제공합니다.

이제 본격적으로 즐겨 봅시다!

온라인 자원

이 책의 웹 페이지는 www.pragprog.com에 있습니다. 토론 포럼에서 저자와 소통하거나 오·탈자를 등재하거나 이 책의 소스 코드를 받을 수 있습니다.

웹 페이지: https://pragprog.com/titles/javacomp

토론 포럼: http://forums.pragprog.com/forums/javacomp

정오표: http://pragprog.com/titles/javacomp/errata

소스 코드: https://pragprog.com/titles/javacomp/source_code

길벗 홈페이지: https://www.gilbut.co.kr

길벗 소스 코드: https://github.com/gilbutITbook/007025

화성 탐사 작전 준비

초급이나 중급 수준의 프로그래머라면 다른 프로그래머가 있는 그대로 알아볼 수 있는 클린 코드에 대한 감각을 익히는 것이 너무 멀고 끝이 보이지 않는 목표 같아서 예상하지 못한 문제와 접해보지 못한 경험으로 가득 찬 긴 여행처럼 느껴질지도 모르겠습니다. 이러한 감각을 익히는 것은 화성 여행처럼 인류가 아직 도달하지 못한 목적지까지 우주를 여행하는 과정과 비슷해 보입니다! 오래 전 프로그래밍을 처음 배우기 시작했을 때 느꼈던 감정과 비슷합니다.

화성 탐사 작전을 테마로 이 책의 코드를 작성했으므로 모든 코드 예제는 화성 탐사 작전과 관련된 우주에 대한 내용을 담고 있습니다. 하지만 그렇게 한 진정한 이유는 코드 내 문제 해결에 집중하고 코드의 설정에 흐트러지는 것을 막기 위해서입니다. 우주비행사 테마를 사용함으로써 읽기 더 쉬워졌고 x, y와 같은 무의미한 변수명이나 동물에서 포유동물, 고양이로 이어지는, 도대체 몇 번째 일지 모를 상속 계층 구조도 피했습니다(고양이에 대해 악감정은 없습니다. 단지 여러 교재에서 너무 많이 쓰인 것 같아서요).

이 책에서 사용한 비교는 지금까지 우리가 관찰한 초중급 수준의 프로그래머가 프로그래밍을 배울 때 종종 만났던 코드와 코딩 문제에 근거했습니다. 근본적인 문제를 가려내 우주여행이라는 도메인에 맞춤으로써 전후 맥락을 상상하기 더 쉽게 바꾸었습니다.

이 책을 다 읽는다고 우주비행사가 된다고 보장할 수는 없지만 더 나은 프로그래머가 될 것이라고 강하게 확신합니다. 그러니 안전벨트를 꽉 매고 프로그래머의 우주로 나아가 봅시다!

예제 파일 내려받기

이 책에서 사용하는 예제 코드는 길벗출판사 웹사이트에서 도서명으로 검색해 내려 받거나 아래 깃허브 저장소에서 내려받을 수 있습니다.

- **길벗출판사 웹사이트:** http://www.gilbut.co.kr
- **길벗 깃허브 저장소:** https://github.com/gilbutITbook/007025
- **원서 소스 코드:** https://pragprog.com/titles/javacomp/source_code

실습 준비 사항

실습에는 다음 준비 사항이 필요합니다.

- JDK 8 이상의 컴파일러
- 텍스트 에디터
- 빌드를 위한 Gradle
- 맑은 정신(원서의 유머)

예제 파일 구조 및 참고 사항

이 책에서 사용하는 예제 파일은 주제별로 분류되어 있습니다.

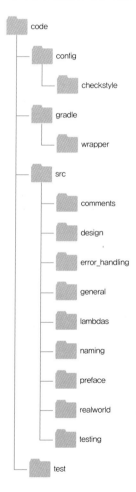

code
   config
      checkstyle
   gradle
      wrapper
   src
      comments
      design
      error_handling
      general
      lambdas
      naming
      preface
      realworld
      testing
   test

1장 우선 정리부터 ····· 031

1.1 쓸모없는 비교 피하기 033

1.2 부정 피하기 035

1.3 불 표현식을 직접 반환 038

1.4 불 표현식 간소화 040

1.5 조건문에서 NullPointerException 피하기 043

1.6 스위치 실패 피하기 045

1.7 항상 괄호 사용하기 048

1.8 코드 대칭 이루기 051

1.9 1장에서 배운 내용 053

2장 코드 스타일 레벨 업 ····· 055

2.1 매직 넘버를 상수로 대체 057

2.2 정수 상수 대신 열거형 059

2.3 For 루프 대신 For-Each 062

2.4 순회하며 컬렉션 수정하지 않기 064

2.5 순회하며 계산 집약적 연산하지 않기 067

2.6 새 줄로 그루핑 069

2.7 이어붙이기 대신 서식화 072

2.8 직접 만들지 말고 자바 API 사용하기 074

2.9 2장에서 배운 내용 077

3장 슬기롭게 주석 사용하기 ···· 079

3.1 지나치게 많은 주석 없애기 081

3.2 주석 처리된 코드 제거 083

3.3 주석을 상수로 대체 086

3.4 주석을 유틸리티 메서드로 대체 088

3.5 구현 결정 설명하기 090

3.6 예제로 설명하기 093

3.7 패키지를 JavaDoc으로 구조화하기 095

3.8 클래스와 인터페이스를 JavaDoc으로 구조화하기 098

3.9 메서드를 JavaDoc으로 구조화하기 100

3.10 생성자를 JavaDoc으로 구조화하기 102

3.11 3장에서 배운 내용 105

4장 올바르게 명명하기 ···· 107

4.1 자바 명명 규칙 사용하기 109

4.2 프레임워크에는 Getter/Setter 규칙 적용 111

4.3 한 글자로 명명하지 않기 114

4.4 축약 쓰지 않기 117

4.5 무의미한 용어 쓰지 않기 120

4.6 도메인 용어 사용하기 122

4.7 4장에서 배운 내용 125

5장 문제 발생에 대비하기 · · · · 127

5.1 빠른 실패 **129**

5.2 항상 가장 구체적인 예외 잡기 **131**

5.3 메시지로 원인 설명 **134**

5.4 원인 사슬 깨지 않기 **136**

5.5 변수로 원인 노출 **139**

5.6 타입 변환 전에 항상 타입 검증하기 **142**

5.7 항상 자원 닫기 **144**

5.8 항상 다수 자원 닫기 **147**

5.9 빈 catch 블록 설명하기 **150**

5.10 5장에서 배운 내용 **152**

6장 올바르게 드러내기 · · · · 155

6.1 Given-When-Then으로 테스트 구조화 **157**

6.2 의미 있는 어서션 사용하기 **159**

6.3 실제 값보다 기대 값을 먼저 보이기 **161**

6.4 합당한 허용값 사용하기 **164**

6.5 예외 처리는 JUnit에 맡기기 **167**

6.6 테스트 설명하기 **169**

6.7 독립형 테스트 사용하기 **172**

6.8 테스트 매개변수화 **175**

6.9 경계 케이스 다루기 **178**

6.10 6장에서 배운 내용 **181**

7장 객체 디자인 ···· 183

7.1 불 매개변수로 메서드 분할 **185**

7.2 옵션 매개변수로 메서드 분할 **187**

7.3 구체 타입보다 추상 타입 **190**

7.4 가변 상태보다 불변 상태 사용하기 **192**

7.5 상태와 동작 결합하기 **195**

7.6 참조 누수 피하기 **198**

7.7 널 반환하지 않기 **201**

7.8 7장에서 배운 내용 **203**

8장 데이터 흐름 ··· 205

8.1 익명 클래스 대신 람다 사용하기 **207**

8.2 명령형 방식 대신 함수형 **209**

8.3 람다 대신 메서드 참조 **212**

8.4 부수 효과 피하기 **215**

8.5 복잡한 스트림 종료 시 컬렉트 사용하기 **217**

8.6 스트림 내 예외 피하기 **220**

8.7 널 대신 옵셔널 **223**

8.8 선택 필드나 매개변수 피하기 **226**

8.9 옵셔널을 스트림으로 사용하기 **228**

8.10 8장에서 배운 내용 **231**

9장 실전 준비 ···· 233

9.1 정적 코드 분석 도구 **235**

9.2 팀 내 자바 포맷 통일 **237**

9.3 빌드 자동화 **238**

9.4 지속적 통합 **240**

9.5 생산 준비와 납품 **241**

9.6 콘솔 출력 대신 로깅 **243**

9.7 다중 스레드 코드 최소화 및 독립 **245**

9.8 고급 동시 실행 추상화 사용하기 **247**

9.9 프로그램 속도 향상 **248**

9.10 틀린 가정 알기 **251**

9.11 9장에서 배운 내용 **253**

참고문헌 **255**

찾아보기 **257**

1^장

우선 정리부터

바보도 컴퓨터가 이해하는 코드는 작성할 수 있다.
훌륭한 프로그래머는 인간이 이해하는 코드를 작성한다.

– 마틴 파울러

몇 달 전 작성했던 코드를 다시 보며 무슨 생각으로 작성했는지 궁금했던 적 있나요? 동료가 적절한 시간 안에 그 코드를 이해하던가요? 읽기 쉬운 코드 작성은 프로그래머의 필수 자질입니다. 실제로 읽기 쉬운 코드 작성은 가장 중요한 의사소통 능력 중 하나입니다. 즉 읽기 쉬운 코드는 여러분을 대신해주는 홍보 담당자이자 명함입니다. 프로그래머가 지녀야 할 자질을 보여주어야 할 누군가에게 모든 것을 말해주고 초보자인지 전문가인지 금방 드러냅니다.

진실은 코드에 있습니다. 개발자의 의도나 문서에 적힌 약속은 잊으세요. 컴퓨터는 코드에서 명령한 대로 수행합니다. 컴파일러는 자바 코드를 받아 엄격히 제한된 여러 규칙에 기반해 기계적 표현인 바이트코드를 만듭니다. 코드가 규칙을 어기지 않았다면 컴파일합니다. 규칙을 어기면 화면은 오류 메시지로 가득 찹니다. 그게 전부입니다.

컴파일러는 자바 코드가 유효하면 항상 처리할 수 있지만 인간은 꼭 그렇지 않습니다. 사람이 읽고 이해하기 쉬운 코드를 작성하기란 컴파일되는 코드를 작성하기보다 훨씬 어렵습니다. 그래서 1장을 "이해하기 쉬운 전문적인 코드 작성"으로 시작하려고 합니다. 쓸모없는 비교와 부정을 빼야 하는 이유, 불 표현식을 간소화하는 방법처럼 코드를 읽기 쉽게 만드는 비결을 소개하겠습니다.

이해하기 쉬운 코드에는 버그가 적습니다. 1장을 다 읽고 나면 버그가 거의 없는 더 나은 코드를 작성할 수 있을 거예요. 조건 표현식에서 NullPointerException이 없어질 것이고 switch 실패나 GOTO FAIL 버그와 같은, 잘 알려지지 않은 버그 유형도 배우게 됩니다. 또한 코드 대칭(code symmetry)과 같은 일반적인 디자인 원칙도요. 그러면 시작해 봅시다!

1.1 쓸모없는 비교 피하기

```
class Laboratory {

    Microscope microscope;

    Result analyze(Sample sample) {
        if (microscope.isInorganic(sample) == true) {
            return Result.INORGANIC;
        } else {
            return analyzeOrganic(sample);
        }
    }

    private Result analyzeOrganic(Sample sample) {
        if (microscope.isHumanoid(sample) == false) {
            return Result.ALIEN;
        } else {
            return Result.HUMANOID;
        }
    }
}
```

논리 조건문을 처음 배울 때는 대부분 정수와 비교 연산자로 이루어진 논리 조건문을 배우기에 초보자는 불 값으로 이루어진 조건문도 같은 식으로 구현합니다. 하지만 이러한 비교는 정말 쓸모 없습니다. 코드 내 잡음이나 마찬가지예요.

위 코드는 Laboratory 컴포넌트 코드로서 중첩 if-else 블록 두 개에 조건문을 넣어 Sample을 분석합니다.

코드는 불 반환값과 불 원시 타입(true와 false)을 명시적으로 비교합니다. 초보자 코드에서 종종 발견되는 안티 패턴(anti-pattern)이죠.

불이 아닌 다른 데이터 타입, 예를 들어 정수로 논리 조건문을 만들 때는 실제 값(예 myNumber == 25, input > 0)과 비교해야 합니다. 하지만 불 변수나 반환 타입은 그럴 필요가 없습니다.

예제에서는 불 표현식을 다루었습니다. 불 표현식은 불 원시값과 비교하지 않아도 됩니다. 비교는 코드를 어수선하게 만들 뿐만 아니라 읽기도 매우 어렵게 만듭니다.

이처럼 불필요한 비교는 대부분 간단히 제거할 수 있습니다. 코드가 줄어들 뿐만 아니라 읽기도 쉬워지죠.

이제 위 코드가 비교 없이 얼마나 간단해졌는지 확인해 봅시다.

```
class Laboratory {

    Microscope microscope;

    Result analyze(Sample sample) {
        if (microscope.isInorganic(sample)) {
            return Result.INORGANIC;
        } else {
            return analyzeOrganic(sample);
        }
    }

    private Result analyzeOrganic(Sample sample) {
        if (!microscope.isHumanoid(sample)) {
            return Result.ALIEN;
        } else {
            return Result.HUMANOID;
        }
    }
}
```

보다시피 불 원시값과 비교하는 부분이 사라졌습니다. 의미가 바뀌면 안 되니 microscope.isHumanoid(sample) 표현식에 부정(!) 연산자를 사용했습니다. 나머지 코드는 그대로입니다. 이제 조건 표현식이 좀 더 쉽게 읽힙니다.

어떤 컴파일러든 이렇게 제거합니다. 실제로 실행해보면 두 코드는 차이가 없을 거예요. 코드 가독성만 좋아졌죠. 여기서는 짧은 코드를 살짝 수정했지만 커다란 코드 기반을 다룬다고 상상해 보세요. 가독성을 조금씩 향상시키는 여러 변경이 모여 큰 도움이 됩니다!

다음 페이지에 설명할 **1.2 부정 피하기(035쪽)**까지 고려하면 조건문을 더 개선할 수 있습니다. 그러니 계속 따라 오세요!

> ▶ 메서드에서 단일 반환문 대 다중 반환문
>
> 메서드 안에 '반환'문이 하나인 것과 여러 개인 것 중 무엇이 더 나은지 논하는 데 기나긴 개발 시간을 쏟아 왔습니다(라고 쓰고 낭비해왔다고 읽습시다). 궁극적으로 옳거나 그른 것은 없습니다. 반환문이 나오면 메서드는 무조건 종료됩니다. 종료 지점이 하나이면 어디서 끝날지 항상 알고 있으니 제어 흐름이 더 구조적입니다. 하지만 입력 매개변수가 유효하지 않은 등 메서드를 일찍 종료하고 싶을 수 있습니다. 이럴 때는 코드가 더 적게 드는 다중 반환문을 사용합니다. 책 속 공간은 항상 제한되어 있으니 더욱 좋죠. 코드에 초기 종료가 필요한지 확인해보고 맞았다면 다중 반환문을 사용하세요.

1.2 부정 피하기

```
class Laboratory {

    Microscope microscope;

    Result analyze(Sample sample) {
        if (microscope.isInorganic(sample)) {
            return Result.INORGANIC;
        } else {
            return analyzeOrganic(sample);
        }
    }
}
```

```
private Result analyzeOrganic(Sample sample) {
    if (!microscope.isHumanoid(sample)) {
        return Result.ALIEN;
    } else {
        return Result.HUMANOID;
    }
}
}
```

"긍정적으로 생각하라"라는 말을 들어본 적 있나요? 코드에서는 긍정 표현식이 부정 표현식보다 더 낫습니다. 대부분 이해하기 더 쉽고 공간도 조금 덜 차지하니까요.

위 코드는 Laboratory 컴포넌트를 다르게 변형한 것입니다. 메서드 두 개에서 Sample을 받아 Result를 반환합니다. 코드 내에 명백히 틀렸다고 말할 부분은 없습니다. 다만 목적에는 부합하지만 필요 이상으로 복잡합니다.

if 조건문을 봅시다. 둘 다 부정 조건을 표현합니다. 첫 번째 조건문은 샘플이 isInorganic()인지 테스트합니다. 두 번째 조건문은 심지어 불 연산자를 사용해 부정, 즉 느낌표인 "!"로 테스트하죠.

코드를 읽을 때는 일반적으로 긍정 표현을 이해하기가 더 쉽습니다. 부정 표현은 간접적인 행동 계층을 하나 더 추가합니다. 단순히 "X가 해당된다"가 아니라 "X가 해당되지 않는다"라는 표현을 추가로 이해해야 하죠.

추가 표현은 대부분 불필요합니다. 사소한 변경처럼 보이지만 매우 작은 단순화가 모여 (실제 코드에서 볼 수 있는) 더 복잡한 표현식에 도움을 줍니다.

누구나 부정이 없는 표현을 좋아한다는 사실을 꼭 기억하세요.

이제 간소화한 코드를 봅시다.

```
class Laboratory {

    Microscope microscope;
```

```
Result analyze(Sample sample) {
    if (microscope.isOrganic(sample)) {
        return analyzeOrganic(sample);
    } else {
        return Result.INORGANIC;
    }
}

private Result analyzeOrganic(Sample sample) {
    if (microscope.isHumanoid(sample)) {
        return Result.HUMANOID;
    } else {
        return Result.ALIEN;
    }
}
}
```

코드를 살짝만 바꾸었을 뿐인데 벌써 효과가 나타나네요. 부정 표현인 isInorganic() 대신 긍정 표현인 isOrganic()을 호출하고 있습니다. 다시 말해 if와 else 블록 본문을 서로 바꾸었습니다.

두 번째 부분에서는 isHumanoid()라는 함수를 똑같이 호출하되 부정을 제거했습니다. 코드가 정말 간단해졌습니다. 마찬가지로 if와 else 블록 본문을 서로 바꾸어야 합니다.

이러한 변경은 너무나 간단해 이렇게까지 해야 하는지 의문이 생길 수도 있습니다. 코드 이해도를 높이는 데 사실상 아무 비용도 들지 않으니 당연히 신경써야 하죠. 코드 행을 더 넣을 일은 거의 없습니다. 기존 코드를 다시 정렬만 하면 개선할 수 있죠. 놓치기 너무 아까운 기회죠!

하지만 앞에서 isInorganic() 대신 isOrganic()을 썼듯이 적절한 메서드가 필요하기도 합니다. 호출하려는 코드가 외부 라이브러리에 있으면 메서드를 호출하지 못할 수도 있습니다. 하지만 제어할 수만 있다면 적절한 클래스에 메서드를 추가하는 것을 망설이지 마세요. 코드 몇 줄이 그 문자만큼의 가치가 있고 다른 부분에서도 코드를 더 명확히 해주니까요. 메서드를 추가하면 코드 중복을 줄이고 프로그램의 다른 부분에서도 재사용할 수 있으니 결국 코드가 줄어 듭니다. 경험에 비추어보면 부정적 메서드는 모두 제거하는 것이 가장 좋습니다. 비슷한 메서드 두 개는 굳이 유지하지 않아도 됩니다.

1.3 / 불 표현식을 직접 반환

```java
class Astronaut {

    String name;
    int missions;

    boolean isValid() {
        if (missions < 0 || name == null || name.trim().isEmpty()) {
            return false;
        } else {
            return true;
        }
    }
}
```

이어서 지저분한 코드를 하나 더 제거해 보겠습니다. 위 코드는 if 문이 없어도 목적을 달성합니다. 이유를 알아봅시다.

위 코드에는 전형적인 유효성 검사 방법이 나옵니다. 객체, 즉 정수와 String 의 몇 가지 속성을 확인하는 방법이죠.

정수 속성은 화성 탐사 미션의 개수입니다. 이 수는 음수이면 안 됩니다.

String 속성은 null이면 안 됩니다. 만약 이 속성이 null이면 NullPointer Exception이 발생해 어느 시점에 실행이 중지될 위험이 있습니다.

또한 Astronaut은 실제 이름을 가져야 하니 빈 문자여도 안 됩니다. name.

trim() 호출은 문자열 앞뒤 공백이나 탭과 같은 여백 문자를 모두 제거합니다. trim() 호출 후 남아 있는 문자열이 실제 문자열 시퀀스가 됩니다.

코드에 기능상 오류는 없습니다. 항상 그렇듯 코드가 너무 복잡하고 읽기 어렵다는 것이 문제죠. 더 좋아질 수 있는데도요. 꼭 집어 말하면 if 문은 정말 쓸데없습니다. 실제 의미를 흐리기만 하는 지저분한 코드죠.

그러면 무엇을 바꿀 수 있는지 봅시다! 비결은 메서드 반환 타입인 불입니다. 불을 반환할 때는 전체 항목을 if 문으로 감쌀 필요 없이 아래처럼 값을 바로 반환할 수 있습니다.

```
class Astronaut {

    String name;
    int missions;

    boolean isValid() {
        return missions >= 0 && name != null && !name.trim().isEmpty();
    }
}
```

이렇게 바꾸면 한 단계 들여쓰기할 필요도, 분기문을 둘 필요도 없습니다. 매우 간결하고 훨씬 읽기 쉽습니다!

if 문 다섯 줄을 코드 한 줄로 압축했습니다. 조건에 불 산술 연산을 넣었으니 의미는 그대로입니다. 기본적으로 '드 모르간의 법칙(De Morgan's Laws)'을 적용해 조건문을 부정했습니다. 자주 사용하게 될 이 유명한 법칙을 간단히 정의해 보겠습니다.

```
!A && !B == !(A || B) // 참
!A || !B == !(A && B) // 참
```

조건문은 이보다 더 복잡할 수 있습니다. 만약 그렇다면 조건문을 더 작은 덩어리로 분할하는 방향을 고려해야 합니다. 변수에 의미 있는 이름을 지어 각각 조건 덩어리로 표현하는 것이죠. 아래 예제를 봅시다.

```
boolean isValid() {
    boolean isValidMissions = missions >= 0;
    boolean isValidName = name != null && !name.trim().isEmpty();
    return isValidMissions && isValidName;
}
```

경험상 조건문을 세 개 이상 합칠 때는 위와 같은 간소화를 고려해야 합니다. 조건문 덩어리를 다른 곳에서도 써야 하면 이어지는 절인 **1.4 불 표현식 간소화(040쪽)** 에서 설명하는 방법대로 개별 메서드에 넣는 것이 좋습니다.

위에 설명한 해법은 반환 타입이 불일 때만 동작한다는 것을 잊지 마세요.

1.4 불 표현식 간소화

```
class SpaceShip {

    Crew crew;
    FuelTank fuelTank;
    Hull hull;
    Navigator navigator;
    OxygenTank oxygenTank;

    boolean willCrewSurvive() {
        return hull.holes == 0 &&
            fuelTank.fuel >= navigator.requiredFuelToEarth() &&
            oxygenTank.lastsFor(crew.size) > navigator.timeToEarth();
    }
}
```

여러 조건문이 합쳐진 불 표현식은 대부분 이해하기 어렵고 잘못 이해하기 쉽습니다. 하지만 몇 가지 간단한 요령으로 더 쉽게 만들 수 있죠!

이전 비교에서처럼 유효성 검사 메서드 예제를 살펴보겠습니다. 조건문은 이전보다 복잡하지만 **1.3 불 표현식을 직접 반환(038쪽)**에서 배운 방법대로 적용해 반환문 하나로 압축한 상태입니다.

조건문이 너무 길면 이해하기 어렵습니다. 코드가 몇 줄이나 이어지고 서로 다른 객체 다섯 개를 검사하는 코드를 조합해야 합니다. 길이가 길다 보니 일부를 변경해야 할 때 실수가 발생하기 쉽습니다. 하지만 미처 변경하기도 전에 아마도 귀중한 프로그래밍 시간을 기나긴 조건문의 의미를 이해하는 데 써야 할 거예요.

여러 조건문을 하나로 합쳐 확인해야 한다면 다른 식으로 묶는 것이 낫습니다. 훌륭한 그루핑이란 조건의 의미에 따라 좌우되니 주제나 추상화 정도에 따라 그루핑하세요.

한 메서드 안에서는 추상화 수준이 비슷하도록 명령문을 합쳐야 합니다. 더 높은 수준의 메서드가 **다음으로** 낮은 수준의 메서드를 호출하는 것이 이상적이죠.

> ❯ 유용한 괄호
>
> 불 조건은 특히 괄호가 없으면 다루기 까다롭습니다. 많은 개발자(그리고 우리 스스로)는 불 연산자 우선순위를 따로 기억하지 못하며 x && y || z가 (x && y) || z인지 x && (y || z)인지 알려면 잠시 생각해야 하죠. &&가 항상 ||보다 먼저 평가된다는 사실, 알고 있었나요?

예제의 willCrewSurvive() 메서드는 한 조건문 안에서 낮은 수준의 각 세부 내용을 확인합니다. 상호 추상화 정도가 어떤가요? 아래처럼 코드를 바꾸면 어떨까요?

```
class SpaceShip {

    Crew crew;
    FuelTank fuelTank;
    Hull hull;
    Navigator navigator;
```

```
OxygenTank oxygenTank;

boolean willCrewSurvive() {
    boolean hasEnoughResources = hasEnoughFuel() && hasEnoughOxygen();
    return hull.isIntact() && hasEnoughResources;
}

private boolean hasEnoughOxygen() {
    return oxygenTank.lastsFor(crew.size) > navigator.timeToEarth();
}

private boolean hasEnoughFuel() {
    return fuelTank.fuel >= navigator.requiredFuelToEarth();
}
}
```

와, 정말 많이 바뀌었네요! willCrewSurvive() 메서드는 그대로지만 이제 다른 메서드를 호출해 그 반환값을 집계합니다.

먼저 불 변수를 추가해 소모성 자원이라는 주제에 맞게 유사한 특징을 한데 묶었습니다. hasEnoughResources라는 의미 있는 이름도 지었습니다. 변수는 hasEnoughOxygen()과 hasEnoughFuel() 메서드 두 개를 호출해 결과를 가져옵니다. 실제 상세 조건은 두 메서드 안에서 찾아볼 수 있습니다.

다음으로 고려하지 못했던 마지막 조건 덩어리인 hull.holes == 0과 hasEnoughResources 변수를 합쳤습니다. 여기서는 Hull 클래스의 hull. isIntact() 메서드를 사용했습니다. 이미 의미 있는 이름이 있으니 다른 불 변수에 저장할 이유가 없죠.

코드 행은 늘었지만 코드 이해도는 훨씬 향상되었습니다. 이제 커다란 조건문을 한 번에 이해하지 않아도 됩니다. 의미 있게 묶은 덕분에 단계별로 이해할 수 있게 되었습니다. 그뿐만 아니라 변수명과 메서드명으로 원하는 결과를 표현합니다. 각 메서드도 간단해 한 눈에 파악하기 좋습니다.

1.5 조건문에서 NullPointerException 피하기

```
class Logbook {

    void writeMessage(String message, Path location) throws IOException {
        if (Files.isDirectory(location)) {
            throw new IllegalArgumentException("The path is invalid!");
        }
        if (message.trim().equals("") || message == null) {
            throw new IllegalArgumentException("The message is invalid!");
        }
        String entry = LocalDate.now() + ": " + message;
        Files.write(location, Collections.singletonList(entry),
            StandardCharsets.UTF_8, StandardOpenOption.CREATE,
            StandardOpenOption.APPEND);
    }
}
```

일반적으로 자바 초보자가 처음 접하는 예외가 NullPointerException입니다. NullPointerException은 null을 참조하는 메서드를 호출하거나 속성에 접근할 때 발생합니다. 이러한 문제를 막으려면 메서드 인수가 유효한지 검사해야 합니다. 단, 순서를 올바르게 지켜야죠!

위 코드의 Logbook은 파일에 메시지를 기록합니다. location 인수로 명시한 파일 시스템 내 특정 파일에 로그 메시지를 정리하죠. 메시지가 올바른지 확인해야 하니 매개변수 검증을 수행해야 합니다.

이미 위 메서드는 유효성 검사를 일부 수행하고 있습니다. 불행히도 두 가지 심각한 문제를 안고 있지만요.

먼저 위 메서드는 null 참조를 올바르게 확인하지 않습니다. location이 null이면 Files.isDirectory()는 별다른 설명 없이 NullPointerException과 함께 실패합니다. message가 null이면 message.equals("")를 먼저 확인하니 두 번째 조건문에서도 마찬가지입니다.

인수를 검증할 때는 순서가 중요한데 반드시 null을 먼저 확인한 후 도메인에 따라 "유효하지 않은" 값을 검사해야 합니다. 빈 문자열이나 빈 리스트처럼 일반적인 기본값을 먼저 검사한 후 특정 값을 확인하는 것이 좋습니다.

메서드 인수로 null을 전달하는 방식은 메서드가 매개변수 없이도 올바르게 기능한다는 뜻이니 피해야 합니다. 꼭 해야 한다면 매개변수가 있는 메서드와 없는 메서드 두 개로 리팩터링하세요. 대부분 매개변수가 null이면 호출하는 편에서 프로그래밍 오류가 발생했다는 뜻이거든요.

다음은 유효성 검사를 적절히 수행하는 코드입니다.

```
class Logbook {

    void writeMessage(String message, Path location) throws IOException {
        if (message == null || message.trim().isEmpty()) {
            throw new IllegalArgumentException("The message is invalid!");
        }
        if (location == null || Files.isDirectory(location)) {
            throw new IllegalArgumentException("The path is invalid!");
        }

        String entry = LocalDate.now() + ": " + message;
        Files.write(location, Collections.singletonList(entry),
            StandardCharsets.UTF_8, StandardOpenOption.CREATE,
            StandardOpenOption.APPEND);
    }
}
```

새로운 코드는 알려진 이슈를 모두 해결했습니다. 먼저 모든 인수에 대해 null 값 여부를 확인합니다. 이어서 도메인에 따른 제한을 확인합니다.

또한 메서드 서명 내 인수 순서에 따라 확인하도록 바꾸었습니다. 매개변수 유효성 검사를 적절한 순서로 수행함으로써 읽기 흐름이 크게 향상되었으니 좋은 관례입니다. 이렇게 하면 어떤 매개변수 하나를 빠뜨릴 위험이 거의 없습니다. 끝으로 내장 메서드를 사용해 빈 문자열인지 확인했습니다.

항상 이 정도 수준으로 매개변수 검증을 해야 하는지 의문이 들 수 있을 텐데요. 그렇지 않습니다.

경험에 비추어보면 매개변수 검사는 public과 protected, default 메서드에만 하면 됩니다. 이러한 메서드는 코드 어디서든 접근할 수 있고 접근이 어떻게 일어나는지 제어하기 어렵거든요.

반대로 private 메서드를 생성할 때는 메서드에 null을 전달하지 않게 할 수 있습니다. 따라서 위와 같은 유효성 검사를 수행하지 않아도 되죠.

> **파일 오픈 옵션**

StandardOpenOptions의 뜻이 궁금할지도 모르겠습니다. StandardOpenOptions 로 Files.write() 메서드의 동작을 명시합니다. 이름만으로도 쓰임새를 대충 이해할 수 있지만 여러 가지를 서로 조합해 쓸 수 있다는 사실도 알아두세요.

이미 파일 시스템에 존재하는 파일에 APPEND하고 싶을 때 CREATE 플래그를 설정해도 괜찮을지 걱정하지 않아도 되니 무척 유용합니다.

1.6 스위치 실패 피하기

```java
class BoardComputer {

    CruiseControl cruiseControl;

    void authorize(User user) {
        Objects.requireNonNull(user);
        switch (user.getRank()) {
```

```
            case UNKNOWN:
                cruiseControl.logUnauthorizedAccessAttempt();
            case ASTRONAUT:
                cruiseControl.grantAccess(user);
                break;
            case COMMANDER:
                cruiseControl.grantAccess(user);
                cruiseControl.grantAdminAccess(user);
                break;
        }
    }
}
```

지난 수년 간 수많은 버그의 원인으로 악명을 떨친 프로그래밍 언어 구조체가 여러 개 있습니다. 그 중 하나가 switch입니다. 스위치를 쓸 때는 주의하는 것이 좋습니다.

위 코드의 authorizeUser()는 매개변수를 검증하고 null 참조를 확인합니다. 자바 API에 있는 편리한 매개변수 검증 방법인 Objects.requireNonNull()을 사용해 입력이 널이면 예외를 발생시킵니다. 하지만 authorizeUser()에는 스위치 실패(switch fallthrough)라는 고전적인 버그가 남아 있습니다.

버그는 switch 문의 첫 번째 case에 있습니다. case 끝에 break 문이 없죠. 즉 switch는 두 번째 case를 실행합니다. 첫 번째 case는 실패하고 항상 cruiseControl.grantAccess()를 실행하겠죠.

switch 문은 이러한 동작으로 악명 높습니다. break 문 또는 블록 끝에 다다라야 실행을 멈추거든요. 어떤 C 스타일 언어든 이와 같은 switch 실행 시맨틱(semantic)을 사용합니다. 자바도 C 언어의 계보를 이어 받았습니다.

switch가 이렇게 동작하는 것은 좀 더 간결하고 길이도 짧은 코드를 작성할 수 있기 때문입니다. switch를 쓰면 조건 표현식 몇 개를 평가하지 않아도 되거든요. 심지어 자바 7부터는 switch 문에서 정수, 문자, enum(열거형)뿐만 아니라 문자열도 쓸 수 있게 되었습니다.

하지만 지난 수년 간 득보다 실이 많았고 break 문을 빠뜨려 야기된 버그도 매우 많았습니다. 간혹 의도적으로 break를 누락했다면 반드시 주석을 남기는 것이 좋습니다!

버그가 없는 코드를 봅시다.

```java
class BoardComputer {

    CruiseControl cruiseControl;

    void authorize(User user) {
        Objects.requireNonNull(user);
        switch (user.getRank()) {
        case UNKNOWN:
            cruiseControl.logUnauthorizedAccessAttempt();
            break;
        case ASTRONAUT:
            cruiseControl.grantAccess(user);
            break;
        case COMMANDER:
            cruiseControl.grantAccess(user);
            cruiseControl.grantAdminAccess(user);
            break;
        }
    }
}
```

의도하지 않은 스위치 실패는 수정하기 쉽습니다. 매 case 끝마다 break 문을 붙이면 그만입니다. 위 코드 예제에서처럼요.

이제 코드에 버그는 없지만 switch가 정말 가장 완벽한 대안일까요? 절대로 아닙니다!

예제에서 switch는 분리해야 할 두 가지 관심사를 섞고 있습니다. 허가받지 않은 접근과 허가된 접근을 하나의 코드 블록으로 합쳤죠.

경험상 서로 다른 관심사는 서로 다른 코드 블록에 넣어야 합니다(**1.8 코드 대칭 이루기(051쪽)**에서 좀 더 자세히 살펴보겠습니다). 이렇게 하면 첫째, 코드가 읽기 더 쉬워집니다. 둘째, 스위치 실패와 같은 우연한 버그가 발생할 가능성이 줄어듭니다.

switch로는 관심사를 분리하기 어렵습니다. 그래서 if 문을 사용하는 방법을 선호합니다. 하지만 그렇더라도 괄호 사용하기에서 항상 볼 수 있듯이 스위치 실패가 발생할 수 있습니다.

누군가 다른 줄을 추가하면 어떻게 될까요? 이 조건에 맞추어 조정해야 하는데 잊어버리기 쉽습니다. 코드는 여전히 잘 실행될 것이고 뭔가를 놓쳤다는 사실을 전혀 눈치채지 못할 거에요! 그래서 코딩하지 않은 값을 명시적으로 처리하는 예비 분기(branch)가 항상 있어야 합니다. 스위치 문은 default 케이스로 이러한 기능을 제공합니다. 또는 AssertionError를 던져 확인하기도 합니다.

1.7 항상 괄호 사용하기

```java
class BoardComputer {

    CruiseControl cruiseControl;

    void authorize(User user) {
        Objects.requireNonNull(user);
        if (user.isUnknown())
            cruiseControl.logUnauthorizedAccessAttempt();
        if (user.isAstronaut())
            cruiseControl.grantAccess(user);
        if (user.isCommander())
            cruiseControl.grantAccess(user);
            cruiseControl.grantAdminAccess(user);
    }
}
```

앞의 switch 문 비교를 if 문 여러 개로 바꾸었습니다. 그런데 한 가지 문제가 있습니다. 코드 내 들여쓰기가 잘못 읽힐 여지가 있습니다. if 뒤에 중괄호가 없어 조건이 바로 뒷줄에만 적용되거든요. 이로 인해 전체 메서드가 악의적으로 동작합니다. cruiseControl.grantAdminAccess(user); 줄이 항상 실행되고 모든 사용자에게 관리자 권한이 부여되죠! 정말 엉망진창입니다.

근본적인 원인은 들여쓰기가 아닙니다. 범위를 정의하는 중괄호가 **빠졌기** 때문입니다. 본질적으로 앞의 **1.6 스위치 실패 피하기(045쪽)**에서 보았던 스위치 실패의 변형이라고 할 수 있습니다.

switch에서 이 문제를 알아차렸더라도 if에서 여전히 간과할 수 있습니다. 들여쓰기를 올바르게 하더라도 마감을 앞두고 정신없이 바쁠 때는 아무도 버그를 알아채지 못할 수도 있죠. 그래서 항상 괄호를 사용하는 것이 좋습니다.

> **➤ 해법이 항상 완벽한 것은 아닙니다**
>
> 코드를 명쾌하게 만들기는 정말 어렵습니다. 이미 깨달았을 수도 있지만 비교 과정을 두 번 이상 거쳐 코드를 반복적으로 향상시킬 수 있습니다. 한 번에 하나씩 향상시키는 것을 목표로 정하고 현재 주제에 집중하기 위해 그 밖의 코드 품질 기준은 무시하기도 합니다. 뒤이어 나오는 해법을 읽을 때 이 점을 명심하세요. 향상시킬 방법은 거의 항상 여전히 더 있습니다.

이제 올바른 코드를 살펴봅시다.

```
class BoardComputer {

    CruiseControl cruiseControl;

    void authorize(User user) {
        Objects.requireNonNull(user);
        if (user.isUnknown()) {
            cruiseControl.logUnauthorizedAccessAttempt();
        }
        if (user.isAstronaut()) {
            cruiseControl.grantAccess(user);
```

```
    }
    if (user.isCommander()) {
        cruiseControl.grantAccess(user);
    }
    cruiseControl.grantAdminAccess(user); // 보안 위험
    }
}
```

컴파일러가 코드를 처리하는 방식과 똑같이 중괄호를 추가했습니다. 이제 grantAdminAccess() 호출을 지키는 조건이 없으니 오류를 쉽게 발견할 수 있습니다. 중괄호 덕분에 코드가 훨씬 읽기 쉬워졌습니다. 시간이 얼마 없더라도 누군가 이 중대한 버그를 찾아낼 가능성이 훨씬 커졌습니다.

새 코드 행도 안전하게 추가할 수 있죠. 이전에는 중괄호가 없다는 사실을 간과해 블록 중 하나에 행을 추가할 수도 있었거든요.

예제에서는 잘못 읽힐 수도 있는 들여쓰기가 버그를 일으켰습니다. 더 짧은 코드가 더 나은 코드를 뜻한다는 잘못된 생각이 수반되어 더 위험했죠. 기억하세요! 코드가 적다고 항상 더 낫지는 않습니다. 더 나은 코드란 더 읽기 쉬운 코드에요!

이러한 오류가 비현실적인데다 보안이 중요한 코드에서 실제로 거의 일어나지 않는다고 주장할 수 있습니다. 하지만 역사는 다르게 말합니다. 2014년 애플 공학자가 구현한 애플 iOS의 SSL/TLS 프로토콜에 매우 유사한 버그가 있었습니다. 공격자가 버그를 교묘히 활용했다면 애플 장치의 어떤 보안 연결이든 뚫을 수 있었죠. 두렵지 않나요?

중괄호를 항상 습관처럼 사용하는 것이 버그를 예방하는 훌륭한 대비책입니다. IDE에서 항상 자동 들여쓰기를 사용하듯 말이죠. 하지만 아직 해법이 완벽하지 않습니다. **5.1 빠른 실패(129쪽)**와 **1.8 코드 대칭 이루기(051쪽)**를 어기거든요. 더 읽어봅시다!

1.8 코드 대칭 이루기

```
class BoardComputer {

    CruiseControl cruiseControl;

    void authorize(User user) {
        Objects.requireNonNull(user);
        if (user.isUnknown()) {
            cruiseControl.logUnauthorizedAccessAttempt();
        } else if (user.isAstronaut()) {
            cruiseControl.grantAccess(user);
        } else if (user.isCommander()) {
            cruiseControl.grantAccess(user);
            cruiseControl.grantAdminAccess(user);
        }
    }
}
```

코드의 이해도(understandability)가 얼마나 중요한지 이미 몇 번 강조했습니다. 조건 분기를 대칭적 방법으로 구조화하면 코드를 쉽게 이해하고 파악할 수 있습니다. 나중에 누가 그 코드를 관리하든 기능을 더 빨리 찾고 더 쉽게 버그를 찾아낼 수 있죠.

위 코드는 **1.6 스위치 실패 피하기(045쪽)**와 **1.7 항상 괄호 사용하기(048쪽)**에서 보았던 코드를 좀 다르게 수정했습니다. 조건 여러 개를 else if 블록 두 개를 사용해 하나의 조건으로 묶었습니다.

코드에 눈에 띄는 버그는 없습니다. 다만 조건과 명령문이 계속 연이어 나온다는 점이 문제죠. 이렇게 되면 모든 조건과 명령문을 한 번에 읽고 이해해야 합니다. 중첩이 별로 없는 작은 예제이므로 별로 어렵지 않습니다. 하지만 현실에서는 구조가 커질 수 있고 이해하기 매우 힘들어질 수 있습니다.

본질적인 문제는 **코드 대칭성**(code symmetry)의 부재입니다. 켄트 벡(Kent Beck)이 내린, 다음과 같은 정의를 한 번 봅시다.* "거의 같은 것들은 똑같은 부분과 완전히 다른 부분으로 나눌 수 있다."

생각해보세요. 모든 분기가 비슷한 관심사를 표현하나요? 병렬 구조를 띠나요? 아니면 세 가지 분기 모두 정말 대칭인가요?

정답은 "그렇지 않다"입니다. 첫 번째 분기는 접근을 거절합니다. 두 번째와 세 번째 분기는 접근을 부여합니다. 대칭이 아니죠.

그러면 코드를 대칭적으로 바꾸면 어떤 모습일까요?

```
class BoardComputer {

    CruiseControl cruiseControl;

    void authorize(User user) {
        Objects.requireNonNull(user);
        if (user.isUnknown()) {
            cruiseControl.logUnauthorizedAccessAttempt();
            return;
        }

        if (user.isAstronaut()) {
            cruiseControl.grantAccess(user);
        } else if (user.isCommander()) {
            cruiseControl.grantAccess(user);
            cruiseControl.grantAdminAccess(user);
        }
    }
}
```

권한을 부여하는 코드와 **권한을 부여하지 않는 코드**가 섞여 있었던 탓에 코드에 비대칭성이 생겼습니다. 두 코드를 서로 다른 코드 블록으로 분리하면 코드 대칭성을 향상시킬 수 있습니다.

---

* https://www.facebook.com/notes/kent-beck/mastering-programming/1184427814923414/

각 코드 블록은 서로 다른 접근 유형을 별개의 if 문으로 묶습니다. 먼저 승인되지 않은 접근을 처리하고 로깅하고 메서드를 종료합니다. 이어서 나머지 두 경우를 하나의 if와 연결된 else if 블록으로 처리합니다.

이제 두 번째 코드 블록에 승인된 접근 유형 두 가지만 들어 있으니 대칭을 이룹니다. 새로운 구조는 조건이 뜻하는 바를 더 명확히 전달합니다. 스위치 실패에서 보았던 실패 버그(fall-through bug)가 우연히 일어날 가능성도 더 이상 없고요.

최적화할 여지가 아직 남았습니다. 예를 들어 두 번째 조건의 양 분기에서 grantAccess()를 동일한 인수로 호출하고 있네요. 두 조건을 별개의 비공개 (private) 메서드로 추출할 수 있습니다. 이렇게 하면 코드의 목적이 훨씬 더 명확해지죠.

승인되지 않은 접근을 코드 상단에서 처리하도록 옮긴 부분은 5장에서 다룰 **5.1 빠른 실패(129쪽)**에서 더 설명하겠습니다.

1.9   1장에서 배운 내용

첫 비교 설명을 독파하고 여기까지 와주었네요. 우선 고맙습니다! 지치지 않고 따라와 주어 매우 기쁩니다. 주요 주제인 읽기 쉬운 코드 작성에 대해서는 이미 매우 많이 배웠습니다. 최근에는 대부분의 노력을 기존 코드의 유지보수에 쏟습니다. 그린 필드(개발한 적 없는 분야)에서 프로젝트를 시작하는 경우는 드뭅니다. 대부분 수정하고 확장해야 할 매우 거대한 코드 더미를 떠맡곤 합니다.

그래서 코드 작성자가 가독성을 염두에 두었다면 매우 고마운 일입니다. 그러니 동료 프로그래머에게 친절히 대하고 코드 가독성을 높이기 위해 노력하세요! 누가 압니까? 이미 끝낸 프로젝트라고 생각했는데 보스가 다시 시켜 그 코드가 따라와 괴롭힐 줄요!

바로 그러한 이유 때문에 불필요한 코드를 피하는 법을 배웠습니다. 불 표현식을 단순화하는 법을 배웠고 스위치 실패처럼 읽기 어려운 코드 때문에 생기는 수많은 버그를 피할 수 있게 되었습니다.

지금 할 수 있는 최선은 읽었던 내용을 직접 해보는 것입니다. 오래 전에 작성했던 코드를 다시 꺼내 살펴보세요. 방금 읽었던 권고 사항 중 적용할 만한 사항이 있나요? 리팩터링 후 코드는 어떻게 변하나요? 원래 버전의 복사본을 항상 저장하고 향상된 코드와 비교하세요. 바로 이것이 이 책의 주제입니다.

준비되면 다음 장으로 넘어갑시다. 코드 가독성과 이해도에 대해 더 자세히 살펴보고 코드 스타일과 자바 API 용법에 대한, 더 고급 권고 사항을 제시하겠습니다. 멈추지 말고 따라 오세요!

2 장

코드 스타일
레벨 업

훌륭한 코드는 짧고 단순하고 대칭을 이룬다. 문제는 어떻게 그렇게 하느냐다.

– 숀 파렌트

롤플레잉 게임에서는 온라인과 오프라인을 막론하고 대부분 고유한 스킬 셋을 지닌 캐릭터를 플레이합니다. 게임이 진행되면서 캐릭터는 게임 세계를 돌아다니며 주민들과 소통하고 퀘스트를 통해 경험치를 모으죠. 마침내 캐릭터는 새로운 스킬을 얻고 새로운 숙련도로 스킬을 '레벨 업'하면서 더 빠르거나 강하거나 똑똑하거나 등 스스로 단련한 바로 그 캐릭터가 됩니다.

프로그래밍도 롤플레잉 게임과 비슷해 게임만큼 중독성이 있습니다. 실제이므로 캐릭터를 제어하는 것이 아니라 당신이 바로 그 게임의 주인공이죠. 디지털 세상을 돌아다니며 경험치를 모읍니다. 매우 다양한 언어 패러다임으로 미지의 프로그래밍 언어 세계를 발견하죠. 괄호를 새 줄에 넣을지 말지 등 가장 복잡한 스타일 측면에서 서로 다른 관점을 지닌 동료 프로그래머도 만납니다. 몰랐던 새로운 프레임워크나 언어 개념을 프로그래밍하고 배우고 이미 알았던 지식을 가다듬으며 스킬을 쌓습니다. 마침내 새로운 프로그래밍 숙련 레벨로 올라가죠.

2장은 1장에서 논했던 기초 내용을 뛰어 넘는 레벨 업입니다. 더 향상된 수많은 자바 언어 개념과 코드 스타일 측면을 함께 살펴보겠습니다.

매직 넘버를 다루는 법, 즉 매직 넘버를 상수, 더 훌륭하게는 enums로 대체하는 법을 배우고 새 줄로 코드를 그루핑하는 것이 합리적인 이유도 알아보겠습니다. 무엇보다 가능하면 자주 자바 API를 활용해야 하는 이유를 설명하고 그렇게 할 때 피해야 할 몇 가지 일반적인 위험을 알아보겠습니다. 원하지 않는 예외를 발생시키지 않고 성능 문제를 야기하지 않고 자료 구조를 가장 잘 순회하는 방법도 알아보겠습니다. 마지막으로 코드에서 문자열을 서식화하는 편리한 방법도 제공하겠습니다. 이제 다음 단계로 올라가 봅시다!

2.1 매직 넘버를 상수로 대체

```java
class CruiseControl {

    private double targetSpeedKmh;

    void setPreset(int speedPreset) {
        if (speedPreset == 2) {
            setTargetSpeedKmh(16944);
        } else if (speedPreset == 1) {
            setTargetSpeedKmh(7667);
        } else if (speedPreset == 0) {
            setTargetSpeedKmh(0);
        }
    }

    void setTargetSpeedKmh(double speed) {
        targetSpeedKmh = speed;
    }
}
```

프로그래머는 코드에서 옵션 집합을 표현할 때 종종 숫자 집합을 사용합니다. 특별한 맥락없이 이 숫자를 **매직 넘버**, 즉 표면상 의미가 없는 숫자이지만 프로그램의 동작을 제어합니다. 매직 넘버가 있으면 코드를 이해하기 어려워지고 오류가 발생하기도 쉽습니다.

위 코드 조각은 크루즈 제어를 묘사합니다. setPreset()을 정수와 함께 호출해 targetSpeedKmh를 설정함으로써 CruiseControl을 구체 값(concrete value)으로 변환하죠.

위 방법은 오류가 발생하거나 오용되기 매우 쉽습니다. setPreset()을 호출하려면 메서드 내부에 대한 정교한 지식이 필요합니다. 그렇지 않으면 적절한 speedPreset을 입력으로 고를 수 없죠.

또한 speedPreset과 대응하는 실제 targetSpeedKmh가 임의적입니다. CruiseControl은 어떤 사전 속도 설정을 쓸 수 있는지 알려주지 않으니 옵션을 외울 수밖에 없습니다.

매직 넘버를 사용하는 코드는 누가 보아도 이해하기 어렵습니다. 잘못 사용되기도 쉽고요. 컴파일러는 코드가 알지 못하는 수를 입력하지 못하도록 막을 방법이 없습니다.

위 코드를 어떻게 향상시키고 숫자에서 매직을 없애는지 알아봅시다.

```java
class CruiseControl {

    static final int STOP_PRESET = 0;
    static final int PLANETARY_SPEED_PRESET = 1;
    static final int CRUISE_SPEED_PRESET = 2;

    static final double CRUISE_SPEED_KMH = 16944;
    static final double PLANETARY_SPEED_KMH = 7667;
    static final double STOP_SPEED_KMH = 0;

    private double targetSpeedKmh;

    void setPreset(int speedPreset) {
        if (speedPreset == CRUISE_SPEED_PRESET) {
            setTargetSpeedKmh(CRUISE_SPEED_KMH);
        } else if (speedPreset == PLANETARY_SPEED_PRESET) {
            setTargetSpeedKmh(PLANETARY_SPEED_KMH);
        } else if (speedPreset == STOP_PRESET) {
            setTargetSpeedKmh(STOP_SPEED_KMH);
        }
    }

    void setTargetSpeedKmh(double speed) {
        targetSpeedKmh = speed;
    }
}
```

보다시피 **매직** 부분을 없앴습니다. 각 숫자마다 유의미하고 이해하기 쉬운 이름을 달아서요.

코드에 사용 가능한 사전 설정 옵션과 타깃 속도를 나타내는 변수를 추가했습니다. 이러한 변수는 static이고 final입니다. 즉 **상수**(constant)입니다. 두 한정어(modifier)는 변수를 딱 한 번만 존재하게(static) 하고 변경될 수 없게(final) 강제합니다. 자바 코드 규칙에 따라 상수명은 모두 대문자로 썼습니다.

static 한정자는 두말할 나위 없이 최적화입니다. 변수를 CruiseControl의 인스턴스와 결부시켜야 할 합당한 이유가 있을 수 있습니다. 어떤 경우라도 변수는 final로 선언해야 합니다. 그렇지 않으면 가변이 되어 언제든지 바뀔 수 있습니다.

변수명을 넣으니 사전 속도 설정과 타깃 속도가 훨씬 명확해졌습니다. 하지만 더 향상시킬 수 있습니다! 이어지는 **2.2 정수 상수 대신 열거형(059쪽)**을 보세요.

2.2 / 정수 상수 대신 열거형

```java
class CruiseControl {
    static final int STOP_PRESET = 0;
    static final int PLANETARY_SPEED_PRESET = 1;
    static final int CRUISE_SPEED_PRESET = 2;

    static final double STOP_SPEED_KMH = 0;
    static final double PLANETARY_SPEED_KMH = 7667;
    static final double CRUISE_SPEED_KMH = 16944;

    private double targetSpeedKmh;

    void setPreset(int speedPreset) {
        if (speedPreset == CRUISE_SPEED_PRESET) {
            setTargetSpeedKmh(CRUISE_SPEED_KMH);
        } else if (speedPreset == PLANETARY_SPEED_PRESET) {
            setTargetSpeedKmh(PLANETARY_SPEED_KMH);
```

```
        } else if (speedPreset == STOP_PRESET) {
            setTargetSpeedKmh(STOP_SPEED_KMH);
        }
    }

    void setTargetSpeedKmh(double speed) {
        targetSpeedKmh = speed;
    }
}
```

이전 절인 **2.1 매직 넘버를 상수로 대체(057쪽)**에서 보았듯이 매직 넘버보다 상수가 훨씬 낫습니다. 하지만 옵션을 모두 열거할 수 있다면 자바 타입 시스템이 제공하는 방법이 더 낫습니다.

위 코드에서 입력 매개변수인 speedPreset은 아직 정수입니다. 즉 어떤 정숫값이든 심지어 음수도 setPreset()에 넣을 수 있다는 뜻이죠. 누구도 STOP_PRESET과 같은 상수를 사용해야 한다고 강제하지 않습니다.

유효하지 않은 정숫값을 setPreset()에 넣어도 메서드는 특별히 하는 일이 없습니다. 조건을 확인한 후 상태를 변경하거나 오류를 던지지 않고 그냥 반환합니다. 충돌보다는 낫지만 프로그램에 어떤 버그 유형이든 야기할 수 있죠.

자바와 같은 정적 타입 언어는 이러한 오류를 가능한 한 빨리 심지어 애당초 프로그램을 실행하기 전에 발견할 수 있는 기능을 제공합니다. 오류를 빨리 찾을수록 고치는 비용도 낮아지죠!

그러면 컴파일러가 유효하지 않은 값을 거절하게 하려면 위 코드를 어떻게 바꾸어야 할까요?

```
class CruiseControl {

    private double targetSpeedKmh;

    void setPreset(SpeedPreset speedPreset) {
        Objects.requireNonNull(speedPreset);

        setTargetSpeedKmh(speedPreset.speedKmh);
```

```
    }

    void setTargetSpeedKmh(double speedKmh) {
        targetSpeedKmh = speedKmh;
    }
}

enum SpeedPreset {
    STOP(0), PLANETARY_SPEED(7667), CRUISE_SPEED(16944);

    final double speedKmh;

    SpeedPreset(double speedKmh) {
        this.speedKmh = speedKmh;
    }
}
```

보다시피 자바 타입 시스템은 가끔 들어오는 유효하지 않은 입력값을 막는 데 큰 역할을 합니다. 예제처럼 가능한 옵션을 모두 열거할 수 있다면 항상 정수 대신 enum 타입을 사용하세요.

해법에서는 SpeedPreset이라는 새 enum을 생성하고 여기에 주어진 인스턴스의 speedKmh를 저장하는 변수 하나를 넣었습니다. SpeedPreset enum에 STOP과 PLANETARY_SPEED, CRUISE_SPEED라는 가능한 옵션을 모두 열거합니다.

주요 장점은 존재하지 않는 SpeedPreset을 더 이상 setPreset() 메서드로 넣을 수 없다는 것입니다. 시도해도 자바 컴파일러가 중지시킵니다.

또한 숫자 그대로가 아니라 **2.1 매직 넘버를 상수로 대체(057쪽)**에서처럼 여전히 의미 있는 이름으로 참조할 수 있습니다. 그 밖에 실제 targetSpeedKmh를 위한 상수도 이미 enum에 들어 있어서 제거했습니다.

마지막으로 setPreset()에서 if-elseif 블록도 제거할 수 있었습니다. 이제 코드는 덜 복잡하고 한결 간결해졌습니다.

2.3 For 루프 대신 For-Each

```
class LaunchChecklist {

    List<String> checks = Arrays.asList("Cabin Pressure",
            "Communication",
            "Engine");

    Status prepareForTakeoff(Commander commander) {
        for (int i = 0; i < checks.size(); i++) {
            boolean shouldAbortTakeoff = commander.isFailing(checks.get(i));
            if (shouldAbortTakeoff) {
                return Status.ABORT_TAKE_OFF;
            }
        }
        return Status.READY_FOR_TAKE_OFF;
    }
}
```

자료 구조를 순회하는 방법은 많습니다. 초보자가 흔히 배우는 방법이 반드시 가장 좋은 방법은 아닙니다.

위 코드에서는 checks라는 List 자료 구조를 순회합니다. for 루프를 사용하며 인덱스 변수인 i로 checks를 순회하죠.

모든 C 스타일 프로그래밍 언어에서 사용하는 매우 전통적인 순회 방법입니다. 주로 배열에 쓰이지만 자바에서는 인덱싱된 컬렉션이면 어떤 종류와도 동작합니다(Set이나 Map은 빼고요). 현재 순회 중인 인덱스 i를 바로 쓸 수 있다는 장점이 있습니다.

하지만 위 조각을 보면 리스트 내 다음 원소에 접근할 때가 아니면 인덱스를 쓰지 않습니다. 그러니 인덱스를 계속 추적할 필요가 없죠.

게다가 인덱스 변수에는 실수할 여지가 있습니다. protected가 아니니 언제든지 덮어쓸 수 있습니다. 초보자는 종료 기준을 < 대신 <=로 바꾸어야 할지 무척 고민합니다. IndexOutOfBoundsExceptions이 일어나면 당황스럽거든요.

인덱스 변수가 제공하는 정보를 자세히 알아야 할 경우는 드뭅니다. 이럴 때는 루프를 다르게 즉 세부 순회 내용은 보호할 수 없지만 적어도 프로그래머에게 는 숨기는 식으로 작성해야 합니다.

그렇게 하면 소프트웨어가 더 안전하고 이해하기 쉬워집니다!

다행히 자바는 이를 위한 몇 가지 문법을 제공합니다. 경험상 아래와 같은 문법 을 이용하는 것이 가장 쉽습니다.

```java
class LaunchChecklist {

    List<String> checks = Arrays.asList("Cabin Pressure",
            "Communication",
            "Engine");

    Status prepareForTakeoff(Commander commander) {
        for (String check : checks) {
            boolean shouldAbortTakeoff = commander.isFailing(check);
            if (shouldAbortTakeoff) {
                return Status.ABORT_TAKE_OFF;
            }
        }
        return Status.READY_FOR_TAKE_OFF;
    }
}
```

처음에는 다소 어색해 보이는 문법이지만 얼마나 편리한지 곧 깨닫게 됩니다. "checks 내 각 check에 대해 아래를 수행하시오"처럼 읽으세요. 예제에서는 컬 렉션 내 항목에 접근하는 지역 변수인 String check를 정의한 후 이어서 콜론 과 순회할 자료 구조인 checks를 넣었습니다.

매 반복마다 자바는 자료 구조에서 새로운 객체를 가져와 check에 할당합니다. 반복 인덱스를 더 이상 다루지 않아도 됩니다! 심지어 배열과 Set처럼 인덱싱 되지 않은 컬렉션에도 동작합니다.

일반적으로 위 문법으로 순회합니다. 항상 컬렉션 내 각 원소를 처리하고 반복 상태(문제가 되었던 인덱스 i)도 조작할 수 없거든요. 변수명 명명 규칙이 for(타입 단수명 : 복수명) 형태임을 기억하세요.

또 다른 순회 메커니즘은 **2.4 순회하며 컬렉션 수정하지 않기(064쪽)**에서처럼 반복자(iterator)를 사용하는 방법입니다.

그렇다면 인덱스로 순회하는 전통적인 방식은 언제 쓰는 것이 적절한지 궁금하지 않나요? 정답은 "거의 없다"입니다. 대부분 자료 구조 내 각 원소만 처리하고 싶거든요.

만약 그렇다면 인덱스 처리를 어떻게 구현했는지 자세히 알 필요가 없습니다. 인덱스 기반 순회가 적절한 드문 경우는 컬렉션의 특정 부분만 순회하거나 명시적으로 다른 목적을 위해 인덱스가 필요할 때뿐입니다.

2.4 순회하며 컬렉션 수정하지 않기

JAVA BY COMPARISON

```java
class Inventory {

    private List<Supply> supplies = new ArrayList<>();

    void disposeContaminatedSupplies() {
        for (Supply supply : supplies) {
            if (supply.isContaminated()) {
                supplies.remove(supply);
            }
        }
    }
}
```

코드에서는 항상 배열이나 리스트를 비롯해 다양한 자료 구조를 순회합니다. 대부분 자료 구조를 읽기만 하죠. 예를 들어 주문 항목 리스트에서 송장을 생성 하거나 이름 순서 리스트에서 어떤 항목을 찾는 작업을 하죠. 하지만 자료 구조 를 바꾸려면 조심해야 합니다. 프로그램이 충돌할 위험이 있습니다.

위 코드는 매우 간단한 자료 구조인 supplies List 순회를 보여줍니다.(재고 가 변질되었으면) supply가 isContaminated()이면 재고 시스템이 List에서 supply를 제거합니다.

완전무결해 보이네요. 그런가요?

코드는 괜찮아 보이지만 재고 목록 내 한 supply라도 오염되었을 경우 무조건 충돌합니다. 더 큰 문제는 이 문제가 처음 발생하기 전까지는 코드가 잘 동작한 다는 점입니다. 더욱이 모든 제품이 깨끗하면 문제없이 동작할 테니 버그를 발 견하기 어렵고요.

문제는 supplies를 순회하는 for 루프 내 supplies.remove(supply)를 호출하는 부분입니다. 이렇게 실행하면 List 인터페이스의 표준 구현이나 Set이나 Queue 와 같은 Collection 인터페이스의 구현은 ConcurrentModificationException을 던집니다. List를 순회하며 List를 수정할 수 없습니다.

단일 스레드 애플리케이션에서 동시(concurrency) 실행이라니 ConcurrentModificationException이라는 이름이 꽤 이상하게 느껴집니다. 실 제로 동시 실행은 일어나지 않으니 다소 오해의 소지가 있네요! 다름 아니라 Collection을 순회하는 동안 그 컬렉션을 수정한다는 뜻입니다. 불행히도 자 바의 컴파일 타임 검사로는 이 오류를 잡아내지 못 합니다.

그렇다면 ConcurrentModificationException을 일으키지 않으면서 어떻게 올 바르게 수행할까요?

```
class Inventory {

    private List<Supply> supplies = new ArrayList<>();
```

```
void disposeContaminatedSupplies() {
    Iterator<Supply> iterator = supplies.iterator();
    while (iterator.hasNext()) {
        if (iterator.next().isContaminated()) {
            iterator.remove();
        }
    }
}
```

문제를 해결할 직관적인 방법은 리스트를 순회하며 변질된 제품을 찾고 **그 후**
앞에서 발견했던 제품을 모두 제거하는 것입니다. 먼저 순회하고 나중에 수정
하는 두 단계 접근법이죠.

잘 동작하지만 코드 몇 줄이 더 필요합니다. 게다가 순회하는 동안 변질된 제품
을 임시 자료 구조에 저장해야 합니다. 시간과 메모리가 더 드네요.

위 해법에서는 supplies 컬렉션의 Iterator를 활용하는 while 루프라는 새로
운 순회 방식을 사용합니다. 핵심은 Iterator입니다. Iterator는 첫 번째 원소
부터 시작해 리스트 내 원소를 가리키는 포인터처럼 동작합니다. hasNext()를
통해 원소가 남아 있는지 묻고 next()로 다음 원소를 얻고 반환된 마지막 원소
를 remove()로 안전하게 제거합니다.

List를 직접 수정할 수는 없지만 iterator가 이것을 완벽히 대신합니다.
iterator는 순회 중에도 모든 작업을 올바르게 수행합니다.

엄밀히 말해 이전 예제의 for-each 루프도 iterator에 기반하지만 프로그래머
에게 그 사실을 숨깁니다. 코드의 복잡도를 줄여주니 반가운 일이죠. 하지만 덕
분에 iterator의 remove() 메서드도 쓸 수 없습니다.

CopyOnWriteArrayList와 같은 특수 List 구현은 순회하며 수정하기도 합니다.
하지만 대가가 따릅니다. 리스트에 원소를 추가하거나 제거할 때마다 매번 **전
체** 리스트를 복사하고 싶은가요? 자바 8부터는 람다를 사용하는 Collection.
removeIf() 메서드도 사용할 수 있습니다. 하지만 이 메서드를 사용하기 전에
8장 데이터 흐름을 꼭 읽어보세요!

2.5 순회하며 계산 집약적 연산하지 않기

```
class Inventory {

    private List<Supply> supplies = new ArrayList<>();

    List<Supply> find(String regex) {
        List<Supply> result = new LinkedList<>();
        for (Supply supply : supplies) {
            if (Pattern.matches(regex, supply.toString())) {
                result.add(supply);
            }
        }
        return result;
    }
}
```

자료 구조를 순회할 때는 수행할 연산 유형에 주의해야 합니다. 계산 집약적 연산을 수행하면 성능 위험이 쉽게 초래될 수 있거든요. 위 코드는 정규식으로 Supply 객체를 찾는 find() 메서드의 전형적인 예입니다.

자바를 비롯해 다양한 프로그래밍 언어에서는 정규식(regular expression), 짧게 줄여 regex로 쿼리 문자열을 만듭니다. 정규식이 있으면 거대한 텍스트 데이터 집합에 효율적으로 질의할 수 있습니다.

정규식에 익숙해지려면 자바 API의 java.util.regex.Pattern을 살펴보세요.[*] 이 클래스는 자바의 정규식 표현이자 정규식을 만들고 실행하는 다양한 메서드를 제공합니다. 위 코드 조각처럼 정적 메서드인 matches()를 호출하면서 정규식인 String과 검색할 String을 제공하는 방식이 가장 쉬울 거예요. 이 방법은

---

[*] https://docs.oracle.com/javase/9/docs/api/java/util/regex/Pattern.html

유용하지만 성능을 저하시키는 요인입니다. 코드를 실행하면서 자바는 String 표현식인 regex를 가져와 regex로부터 특수한 목적의 오토마톤(automaton)을 만드는데요. 이 오토마톤은 패턴을 따르는 문자열만 허용하고 나머지는 모두 거절합니다.

Pattern.matches(regex,supply.toString())는 오토마톤을 컴파일해 supply.toString()과 부합시켜 봅니다. 정규식 오토마톤 컴파일은 클래스 컴파일처럼 시간과 처리 전력을 소모합니다. 보통 일회성 동작이지만 위 예제에서는 **반복할 때마다** 정규식을 컴파일하고 있습니다.

String.replaceAll()처럼 자바 API 내 매우 유명한 메서드도 똑같이 동작하는 여러 경우가 있습니다.

그렇다면 정규식을 반복해 컴파일하지 않으려면 어떡해야 할까요?

```java
class Inventory {

    private List<Supply> supplies = new ArrayList<>();

    List<Supply> find(String regex) {
        List<Supply> result = new LinkedList<>();
        Pattern pattern = Pattern.compile(regex);
        for (Supply supply : supplies) {
            if (pattern.matcher(supply.toString()).matches()) {
                result.add(supply);
            }
        }
        return result;
    }
}
```

잠재적 성능 저하를 막는 해법은 매우 간단합니다. 계산이 많이 필요한 연산은 가능하면 적게 하세요.

위 예제에서는 메서드를 호출할 때 정규식을 딱 한 번만 컴파일하면 됩니다. 루프를 반복해도 표현식 문자열은 바뀌지 않으니까요.

다행히 Pattern API로 한 번에 쉽게 컴파일할 수 있습니다. 이렇게 하려면 Pattern.matches() 호출에 들어 있는 두 연산을 분해해야 합니다. 첫 번째는 표현식 컴파일이고 두 번째는 검색 문자열을 실행하는 부분입니다.

첫 번째 단계는 Pattern.compile() 호출로 추출해 Pattern의 인스턴스인 컴파일된 정규식을 생성합니다. 계산이 많이 필요한 단계이므로 이 결과를 지역 변수에 저장합니다.

두 번째 단계인 컴파일된 표현식 실행은 쉽고 빠른 연산입니다. 매 Supply 인스턴스마다 실행해야 할 연산이기도 하니 루프 본문에 넣습니다.

예제에서는 검색할 String을 위한 Matcher를 먼저 생성했습니다. Matcher는 다른 방식으로 심지어 반복해 검색할 수 있는 핸들입니다. 제품이 정규식과 부합하는지만 확인하면 되니 matches()를 호출하면 됩니다.

간단히 말해 정규식을 조금만 고쳐 사용하면 성능을 크게 높일 수 있습니다!

2.6 새 줄로 그루핑

```
enum DistanceUnit {

    MILES, KILOMETERS;

    static final double MILE_IN_KILOMETERS = 1.60934;
    static final int IDENTITY = 1;
    static final double KILOMETER_IN_MILES = 1 / MILE_IN_KILOMETERS;

    double getConversionRate(DistanceUnit unit) {
        if (this == unit) {
            return IDENTITY;
        }
        if (this == MILES && unit == KILOMETERS) {
```

```
        return MILE_IN_KILOMETERS;
    } else {
        return KILOMETER_IN_MILES;
    }
  }
}
```

코드 블록이 서로 붙어 있으면 보통 한 덩어리로 간주합니다. 별개 블록을 새 줄로 분리하면 코드 이해도를 향상시킬 수 있습니다.

위 코드는 마일과 킬로미터 간 변환률을 반환하는 enum을 보여줍니다. 실제로 코드 시맨틱은 괜찮은데 문제가 숨어 있습니다. 이미 **2.1 매직 넘버를 상수로 대체 (057쪽)**를 적용했는데 무엇이 문제일까요?

간단합니다. 여백이 빠졌습니다! 무엇보다 getConversionRate() 내 코드가 서로 붙어 있습니다. 그런데 이 함수는 정말 하나의 블록인가요, 아니면 서로 다른 부분으로 구성되어 있나요? 빈 줄을 구분자처럼 추가하면 코드 가독성을 높일 수 있습니다. 한 가지 개념이나 주장을 새 줄로 분리한 문단들로 구성한 이 책처럼요.

enum 값은 보다시피 빈 줄을 사용해 상수와 분리했습니다. 하지만 코드에 하이라이팅한 두 줄을 보세요. 정말 문제가 없어 보이나요?[*]

그렇다면 다음과 같은 질문을 던져야 합니다. 빈 줄을 어디에 두어야 할까요? 어떤 부분들을 서로 분리해야 할까요? 어떤 부분들을 서로 합쳐야 할까요?

```
enum DistanceUnit {

    MILES, KILOMETERS;

    static final int IDENTITY = 1;

    static final double MILE_IN_KILOMETERS = 1.60934;
```

---

[*] 분명히 코드는 다소 불안정합니다. 메서드를 새로 작성하지 않는 한, 새로운 단위 변환은 추가하기 힘들죠. 다만 이 절은 확장성이 아닌 서식화를 다루고 있으니 일단 이 문제는 무시하겠습니다.

```
static final double KILOMETER_IN_MILES = 1 / MILE_IN_KILOMETERS;

double getConversionRate(DistanceUnit unit) {
    if (this == unit) {
        return IDENTITY;
    }

    if (this == MILES && unit == KILOMETERS) {
        return MILE_IN_KILOMETERS;
    } else {
        return KILOMETER_IN_MILES;
    }
}
}
```

보다시피 몇몇 코드 블록을 새 줄로 분리했습니다.

먼저 IDENTITY 필드를 다른 상수들과 분리했습니다. IDENTITY 필드는 특정 단위와는 독립적이고 마일과 킬로미터 간 두 변환률보다 더 추상적이니 분리해야 합니다.

getConversionRate()에서는 두 if 블록을 서로 분리했습니다. 확인하는 사항이 다르니까요. 첫 번째 if는 같은 단위인지 확인하고 두 번째 if는 변환합니다. 빈 줄을 사용해 수직으로 분리하면 읽는 사람이 더 명확히 이해할 수 있습니다.

경험에 비추어보면 연관된 코드와 개념은 함께 그루핑하고 서로 다른 그룹은 빈 줄로 각각 분리해야 합니다.

수직 공간이라는 개념은 훨씬 더 확장된 개념입니다. 로버트 C. 마틴은 자신의 저서 〈클린 코드〉에서 수직 서식화를 신문에 비유해 설명했습니다. 훌륭한 기사는 제목(클래스명)으로 시작해 섹션 머릿말(공개 멤버, 생성자, 메서드)에 이어 세부 내용(비공개 메서드)이 나온다고요. 코드를 이렇게 조직하면 코드를 읽어 내려가기만 해도 이미 클래스를 훨씬 더 쉽게 이해할 수 있습니다. 클래스에서 기능(feature)을 찾기도 훨씬 쉬워집니다.

2.7 이어붙이기 대신 서식화

```
class Mission {

    Logbook logbook;
    LocalDate start;

    void update(String author, String message) {
        LocalDate today = LocalDate.now();
        String month = String.valueOf(today.getMonthValue());
        String formattedMonth = month.length() < 2 ? "0" + month : month;
        String entry = author.toUpperCase() + ": [" + formattedMonth + "-" +
                today.getDayOfMonth() + "-" + today.getYear() + "](Day " +
                (ChronoUnit.DAYS.between(start, today) + 1) + ")> " +
                message + System.lineSeparator();
        logbook.write(entry);
    }
}
```

이해도와 가독성은 코드뿐만 아니라 코드가 생성할 출력에서도 중요합니다.

긴 문자열을 생성할 때 서식 문자열을 사용하면 더 읽기 쉽게 만들 수 있습니다.

NullPointerException 피하기에서 보았던 일지(LogBook)를 다시 활용하겠습니다. 문제는 출력이 실제로 어떤 모습일지 알기 어렵다는 점입니다. String 변수가 여러 개이고 어떤 변수는 자바의 인라인(in-line) 표기까지 사용합니다.

코드 자체는 별로 복잡하지 않습니다. 깊은 중첩도, 조건 분기도 없고 심지어 변수명이나 메서드명도 의미를 지닙니다. 그런데도 읽기 어렵습니다. 더하기와 따옴표, 공백이 많아 실제로 어떻게 처리되는지 혼란스럽죠(일반적으로 인간은 기호의 조합보다 자연어 속 단어를 이해하는 데 더 능합니다). 그래서 코드는 읽기 어려워졌고 작성할 때 실수할 가능성도 커졌습니다.

게다가 int 값을 합치는 인라인 계산 실행도 혼란을 가중시킵니다. + 연산자는

String과 int일 때 시맨틱이 서로 다르니까요. 하나의 행에서 + 연산자를 서로 다른 시맨틱으로 사용하면 전체적으로 무엇을 하는 코드인지 알기 더 어렵습니다. 그렇게 하면 안 됩니다!

코드를 대폭 간소화할 수 있습니다. 아래 코드를 보세요.

```java
class Mission {

    Logbook logbook;
    LocalDate start;

    void update(String author, String message) {
        final LocalDate today = LocalDate.now();
        String entry = String.format("%S: [%tm-%<te-%<tY](Day %d)> %s%n",
                author, today,
                ChronoUnit.DAYS.between(start, today) + 1, message);
        logbook.write(entry);
    }
}
```

서식 문자열로 문제를 해결하는데 자바뿐만 아니라 대부분의 현대 프로그래밍 언어에서 사용할 수 있습니다. 핵심은 String 레이아웃(String을 **어떻게 출력할지**)과 데이터(**무엇을 출력할지**)를 분리하는 것입니다. 서식 문자열은 %로 표기하는 특수 위치 지정자(placeholder) 문자를 사용해 하나의 블록으로 일관된 String을 정의합니다.

String.format()이나 System.out.printf()와 같은 포맷 메서드는 위치 지정자 문자가 포함된 데이터를 String 뒤에 나열한 순서대로 받아들입니다.

위 예제에서 %S는 toString() 메서드를 사용해 객체를 대문자 String으로 변환합니다. 매개변수인 author를 이렇게 처리하죠. 날짜 변수인 today는 월을 나타내는 %tm, 날짜를 나타내는 %te, 연도를 나타내는 %tY에 쓰입니다. < 문자를 추가함으로써 위치 지정자 세 개가 같은 입력 데이터를 읽게 했습니다. %d는 십진 값을 처리하고 %s는 String을 받아들입니다. 마지막으로 %n은 행 바꿈 기호입니다.

실제 데이터는 String 레이아웃 뒤에 단정하게 서식화되어 나열되어 있습니다. 각 매개변수를 한 줄씩 나열하면 인라인 계산을 수행하기 좀 더 쉽습니다. "%S: [%tm-%\<te-%\<tY](Day %d)\> %s%n"가 최종적으로 무엇을 출력할지는 알기 어렵습니다. 하지만 이 방식은 문서화가 잘 된 표준이자 어수선한 코드를 해결할 훌륭한 대안입니다. 문자열이 길면 강력한 템플릿 엔진인 StringTemplate을 쓰기 바랍니다.

서식화한 문자열은 **3.6 예제로 설명하기(093쪽)**에서처럼 몇 가지 예제로 문서화하는 것이 좋습니다. 다른 개발자가 코드를 읽을 때 %S나 다른 특수 서식화 문법이 어떻게 동작하는지 찾아보지 않더라도 결과 문자열을 알 수 있게 해주세요.

2.8 직접 만들지 말고 자바 API 사용하기

```
class Inventory {

    private List<Supply> supplies = new ArrayList<>();

    int getQuantity(Supply supply) {
        if (supply == null) {
            throw new NullPointerException("supply must not be null");
        }

        int quantity = 0;
        for (Supply supplyInStock : supplies) {
            if (supply.equals(supplyInStock)) {
                quantity++;
            }
        }
```

```
        return quantity;

    }
}
```

프로그래밍 초창기에는 전부 스스로 만들어야 했습니다. C 언어에서는 char[ ]로 String을 생성하거나 리스트도 스스로 구현해야 했죠. 모든 자료 구조와 알고리즘 유형을 이렇게 만들어야 했습니다. 훈련으로는 더할 나위 없지만 시간이 많이 걸리고 오류가 발생하기 쉬웠습니다.

하지만 시대가 변했습니다. 자바 API는 거대해졌고 목표 달성을 도와줄 String이나 List와 같은 클래스가 많이 생겼습니다. API에 있는 기능을 다시 구현하지 말고 가능하면 재사용해야 합니다. 전문가들이 끊임없이 자바 API를 작성하고 최적화하면서 빠르고 버그도 거의 없는 표준 라이브러리가 만들어지고 있습니다.

2.4 순회하며 컬렉션 수정하지 않기(064쪽)에서 본 재고 시스템과 몇 가지 지식을 활용해 봅시다. 위 코드의 getQuantity() 메서드는 재고 내 Supply의 수량을 반환합니다.

코드는 언뜻 훌륭해 보입니다. 메서드는 null 값이 없도록 입력 매개변수를 검증합니다. **7.3 구체 타입보다 추상 타입(190쪽)**에서 권고하듯이 내부 자료 구조로서 추상 타입을 사용하고 있습니다. 또한 **2.3 For 루프 대신 For-Each(062쪽)** 루프에서 추천했듯이 일반적인 **2.3 For 루프 대신 For-Each(062쪽)** 루프로 자료 구조를 순회합니다.

이 코드는 필요 이상으로 너무 장황해 대폭 개선할 수 있습니다.

```
class Inventory {

    private List<Supply> supplies = new ArrayList<>();

    int getQuantity(Supply supply) {
        Objects.requireNonNull(supply, "supply must not be null");
```

```
        return Collections.frequency(supplies, supply);
    }
}
```

훨씬 짧아졌네요! 같은 결과를 생성하되 직접 작성한 코드 대신 자바 API 기능을 사용했습니다. 짧아진만큼 읽고 이해하기도 더 쉽습니다.

유틸리티 클래스인 Collections는 Collection 내 객체 출현 횟수를 세는 frequency() 메서드를 제공합니다. 또한 **1.6 스위치 실패 피하기(045쪽)** 예제에서 보았던 Objects 유틸리티 클래스의 requireNonNull() 메서드도 사용했습니다. 이 메서드는 객체가 널이면 메시지와 함께 NullPointerException을 던집니다. 두 개의 메서드로 12줄짜리 코드를 하나의 return문으로 줄일 수 있었죠!

자바 클래스 라이브러리, 짧게 말해 자바 API는 매우 거대합니다. 코드 어디서든 쓸 수 있는 온갖 유용한 기능을 제공하는 수천 개 클래스를 포함하죠. 또한 Collection과 관련된 헬퍼 메서드인 Collections 클래스나 Object에 대한 범용 연산을 제공하는 Objects처럼 대부분 끝에 s가 붙어 있어 금방 눈에 띄는 유틸리티 클래스도 제공합니다.

API를 알면 일반적으로 코드의 문제를 훨씬 더 간단히 해결할 수 있습니다. API 만큼 중요한 것은 API가 전 세계적으로 광범위한 테스트를 거친다는 사실이며 이것은 절대로 혼자서는 할 수 없습니다. 직접 작성한 코드는 API보다 버그를 일으킬 가능성이 큽니다.

API에 정통하면 진정한 자바 전문가로 거듭날 수 있습니다. 기존 기능을 다시 구현하지(또한 테스트하지) 않음으로써 시간이 절약됩니다.

이 책에 보인 기능 외에도 TimeUnit으로 시간 값을 변환하는 등 수많은 기능이 있습니다. 자바 API를 꼭 자세히 살펴보세요!

2.9 2장에서 배운 내용

벌써 두 개 장을 끝냈네요. 레벨 업을 축하합니다!

이제 매직 넘버를 어떻게 처리하는지 알게 되었고 상황에 따라 매직 넘버를 상수나 enum으로 대체할 수 있게 되었습니다. 요구 사항에 가장 잘 맞게 순회를 구현할 수 있고 순회를 구현할 때 예외나 성능 저하를 피할 수 있습니다. 코드를 읽기 쉽게 서식화하는 방법을 알게 되었고 자바 API를 사용해 코드를 한층 간결하고 효율적으로 만드는 방법도 배웠습니다.

마지막 사항이 중요합니다. 배움을 여기서 멈추면 안 됩니다. 자바 API는 **정말** 거대합니다. 자바 9에는 4천 개 이상의 공개 API 클래스가 별도로 있습니다. 각기 다른 방향으로 도움이 됩니다. 지금 당장 모두 살펴보라는 말이 아닙니다. 다만 프로그래밍을 하며 가끔 스스로 물어보세요. "이 코드가 다른 상황에서도 똑같이 유용할까?" 만약 그렇다면 자바 API에서 유용한 클래스를 찾을 가능성이 큽니다. 그러니 잠깐이라도 자바 API를 찾으려고 시도해보세요.

결과적으로 Collections나 Objects와 같은 유용한 클래스를 더 배우게 될 거예요. 시간이 흐르면서 그러한 클래스를 점점 더 능숙하게 다루게 될 거고요. 궁극적으로 API를 아는 것이 진정한 전문가가 되는 길입니다.

3장에서는 코드 주석이라는 프로그래밍의 한 측면을 더 구체적으로 설명하고 확장해보겠습니다. 코드 주석은 코드 실행에 영향을 미치지 않습니다. 그래서 대부분의 프로그래머는 주석을 별로 신경쓰지 않죠. 하지만 훌륭한 주석은 코드 가독성에 엄청난 차이를 불러옵니다. 가끔(이라고 쓰고 항상이라고 읽겠습니다) 언급했듯이 이 차이가 정말 중요합니다. 그러니 주석을 올바른 방식으로 사용합시다!

3^장

슬기롭게
주석 사용하기

훌륭한 코드는 그 자체로 최고의 설명서다. 주석을 추가하기 전에 "주석이 필요없
도록 코드를 향상시킬 방법이 없을까?"라고 자문해보자.

– 스티브 맥코넬

최근 우리 공저자 중 한 명인 Joerg가 다양한 앱과 스트리밍 서비스가 딸려 있고 다양한 방식의 시간 기반 녹화가 가능한 새 스마트 TV를 샀습니다. 알고 보니 그 스마트 TV는 그 TV를 사용하는 사람만큼만 똑똑해 새로운 기능을 동작시키는 방법을 모두 배우는 것이 결코 쉽지 않았습니다. TV가 녹화본을 어느 폴더에 저장했는지 찾다가 욕설만 몇 개 터득하기에 십상이었죠. 게다가 전원 버튼을 누르면 녹화가 중지된다는 경고를 왜 미리 해주지 않았을까요?

바로 그때 사람들은 대부분 사용 설명서를 찾습니다. 사용 설명서는 명확히 알려주는 문서입니다. 녹화본을 어디서 찾을 수 있는지, 방송을 시청하지 않으면서 어떻게 녹화하는지 등을 가르쳐 줍니다. 하지만 이 스마트 TV는 사용 설명서를 익히다 불만만 커집니다. '녹화 버튼' 항목에는 "녹화를 시작합니다"라고만 나옵니다. 누구든지 빨간색 녹화 버튼만 보아도 그 정도는 알 거예요! 또한 녹화 도중에 전원 버튼을 누르면 어떻게 될까요? 아무 설명도 없습니다.

사용 설명서는 동작 방법을 알려주는 것입니다. 코드 내 주석도 마찬가지예요. 주석의 목적은 코드가 어떻게 동작하는지 알려줍니다. 불행히도 코드 주석은 종종 스마트 TV의 사용 설명서와 비슷해 별로 유용하지 않습니다. 예를 들어 이미 코드에 있는 내용만 반복하죠. 더 최악인 경우는 실제 코드와 다른 내용을 말하는 것입니다.

3장에서는 주석을 더 유용하게 만드는 방법을 배우겠습니다. 이어지는 페이지에서는 주석을 사용할 때와 주석을 피해야 할 때의 직감을 익혀 보겠습니다. 어떤 주석 유형이 불필요한지 보여주고 주석 처리된 코드로 무엇을 하는지 설명하고 주석을 코드로 대체할 때 사용할 수 있는 몇 가지 비결도 소개하겠습니다. 마지막으로 고급 JavaDoc 주석을 작성하기 위한 자바의 주석 규칙도 알아보겠습니다. 시작해 봅시다!

3.1 지나치게 많은 주석 없애기

```
class Inventory {
    // 필드(하나만 있음)
    List<Supply> supplies = new ArrayList<>(); // 제품 리스트

    // 메서드
    int countContaminatedSupplies() {
        // TODO: 필드가 이미 초기화되었는지(널이 아닌지) 검증한다

        int contaminatedCounter = 0; // 카운터
        // 제품이 없으면 변질도 없다는 뜻이다
        for (Supply supply : supplies) { // FOR 시작
            if (supply.isContaminated()) {
                contaminatedCounter++; // 카운터를 증가시킨다!
            } // 제품이 변질되었으면 IF 끝
        }// FOR 끝

        // 변질된 제품 개수를 반환한다.
        return contaminatedCounter; // 유의해 처리한다!
    }
} // Inventory 클래스 끝
```

주석이 얼마나 중요한지 한 번쯤 들어보았을 거예요. 맞는 말이지만 중요한 정보(이유)를 설명할 때만 그렇습니다. 그렇지 않으면 방해만 될 뿐이죠.

위 코드는 앞의 몇몇 예제에서 보았던 Inventory 클래스를 보여줍니다. 녹색 텍스트를 보면 알 수 있듯이 주석이 **너무 많이** 들어 있습니다.

코드를 쭉 읽어보면 문서화가 매우 잘 되었다고 생각할지도 모르겠습니다. 코드 품질 도구도 주석 측면에서 이 코드를 "훌륭함"이라고 표시하겠죠. 하지만 사실이 아닙니다.

대부분의 주석은 코드가 전하는 내용을 반복할 뿐이니 불필요합니다. 주석 두 개는 필드와 메서드를 명시하는데 자바 문법만 보아도 잘 알 수 있죠. IF 끝이

나 FOR 끝, Inventory 클래스 끝과 같은 주석은 코드 블록의 끝을 표시합니다. 이것은 들여쓰기만으로도 이미 알 수 있죠.

가장 중요한 주석은 아마도 TODO: 필드가 이미 초기화되었는지(널이 아닌지) 검증한다일텐데요. 코드와 확연히 다른 실제 문제를 보여줍니다.

훨씬 더 간결하게 만들 수 있습니다! 아래를 보세요.

```
class Inventory {

    List<Supply> supplies = new ArrayList<>();

    int countContaminatedSupplies() {
        if (supplies == null || supplies.isEmpty()) {
            // 제품이 없으면 오염도 없다는 뜻이다
            return 0;
        }

        int contaminatedCounter = 0;
        for (Supply supply : supplies) {
            if (supply.isContaminated()) {
                contaminatedCounter++;
            }
        }

        return contaminatedCounter;
    }
}
```

코드를 약간만 바꾸었을 뿐인데 녹색 텍스트가 거의 사라졌습니다.

먼저 코드 한 줄만 읽으면 바로 알 수 있는 주석은 모두 제거했습니다. 코드 블록의 끝을 표시하는 주석(End IF와 End FOR 등)도 모두 없앴습니다. 들여쓰기로 이미 알 수 있는데도 불구하고 레거시 코드나 잘 알려진 라이브러리에서 이러한 주석이 놀랄 정도로 자주 보입니다.

클래스 구조(필드와 메서드, 반환)를 강조하는 주석도 모두 제거했습니다. 자바 코드 규칙에서 정한 클래스 구조에 따르면 이러한 종류의 이정표는 넣을 필요가 없습니다.

다음으로 contaminatedCounter++; // 카운터를 증가시킨다처럼 코드를 바꾸어 설명하는 주석도 모두 제거했습니다. 코드에 뭔가를 덧붙여 설명하지 않는 주석은 아무 의미가 없습니다.

TODO 주석을 수정하는 대신 null과 isEmpty() 검증도 추가했습니다. TODO를 수정할 수 없을 때는 수정될 때까지 문제를 논의하고 추적할 수 있는 이슈 트래커에 이슈를 생성하세요.

남은 주석은 코드만 보아서는 드러나지 않는 정보가 들어간 주석뿐입니다. supplies가 null이거나 비었으면 0을 반환하는 온화한 지속(graceful continuation) 방법을 선택했습니다. 온화한 지속 방법 대신 예외를 발생시키는 방법을 선택할 수도 있었기 때문에 주석을 넣을 이유가 충분합니다. 이 부분은 디자인 결정을 설명했다고 볼 수 있습니다.

3.2 주석 처리된 코드 제거

```
class LaunchChecklist {

    List<String> checks = Arrays.asList(
        "Cabin Leak",
        // "Communication", // 휴스턴과 정말 통신하고 싶은가?
        "Engine",
        "Hull",
        // "Rover", // 내 생각에는 필요 없는데…
        "OxygenTank"
        //"Supplies"
    );

    Status prepareLaunch(Commander commander) {
        for (String check : checks) {
            boolean shouldAbortTakeoff = commander.isFailing(check);
```

```
        if (shouldAbortTakeoff) {
            //System.out.println("REASON FOR ABORT: " + item);
            return Status.ABORT_TAKE_OFF;
        }
    }
    return Status.READY_FOR_TAKE_OFF;
    }
}
```

대규모 코드 기반(code base)에는 주석 처리된 코드 영역이 항상 있습니다. 이러한 종류의 주석은 잡동사니일 뿐입니다.

위 예제는 **2.3 For 루프 대신 For-Each(062쪽)**에서 보았던 LaunchChecklist입니다. 리스트 항목 몇 개가 주석 처리되어 있습니다. 항목에 붙은 주석도 주석 처리되어 있습니다. 주석이 조금 과하게 쓰였죠.

리스트 항목 외에 prepareLaunch()에도 주석 처리된 print 문이 들어 있습니다. 자세히 보면 print 문에서 선언하지 않은 변수인 item에 접근하고 있어 주석 처리를 걷어낼 수 없습니다.

주석 처리된 코드는 심각한 문제입니다. 일반적인 주석과 달리 명확히 설명해주는 역할을 하지 않거든요. 혼란만 가중시킬 쓰레기를 코드에 끼얹은 셈입니다.

대부분의 프로그래머는 특정 기능이 동작하지 못하게 하려고 코드를 주석 처리합니다. 다른 측면에 더 집중해 쉽게 주석 처리해버리죠. 때로는 훗날 다시 사용할지 모를 코드를 잃어버리고 싶지 않아 주석 처리하기도 합니다.

아래처럼 바꾸어도 별로 놀랍지 않습니다.

```
class LaunchChecklist {

    List<String> checks = Arrays.asList(
        "Cabin Leak",
        "Engine",
        "Hull",
        "OxygenTank"
    );
```

```
Status prepareLaunch(Commander commander) {
    for (String check : checks) {
        boolean shouldAbortTakeoff = commander.isFailing(check);
        if (shouldAbortTakeoff) {
            return Status.ABORT_TAKE_OFF;
        }
    }
    return Status.READY_FOR_TAKE_OFF;
}
}
```

다행히 주석 처리된 코드는 처리하기 무척 쉽습니다. 그냥 지우면 됩니다.

주석 처리된 코드는 항상 이해도를 떨어뜨립니다. 새로운 정보도 알려주지 않죠. 앞으로 실행되지 않을 텍스트 줄만 늘어날 뿐입니다. 또한 주석 처리된 코드가 들어 있는 클래스를 변경하지 않으려는 프로그래머도 있습니다. 변경했다가 실제 코드와 주석의 관계가 깨질지도 모르니까요.

오늘날 사실상 전문 프로젝트는 버전 관리 도구(Version Control System)에서 호스팅됩니다. 이 도구는 코드 제거를 비롯해 코드 내 모든 변경을 추적합니다. 특정 코드 부분을 찾아내면 어떤 변경이 있었는지 쉽게 알아내고 되돌릴 수 있습니다. 지금까지 프로젝트에서 주석 처리된 코드 주석을 해제한 개발자를 **한 번도** 본 적이 없습니다. 오히려 모두 지우려고 했죠.

요약하면 3.2 주석 처리된 코드 제거(083쪽)는 매우 쉬운 문제입니다. 이해도만 떨어뜨릴 뿐 버전 관리 도구만 있으면(물론 주석 처리된 코드를 다시 찾을 일은 거의 없겠지만) 실제로 잃어버리지 않으니까요.

> ❯ 버전 관리 도구
>
> 버전 관리 도구가 많지만 최근에는 오직 하나, 깃(Git)만 있으면 됩니다. 깃은 매우 빠르고 무료 공개 저장소를 제공하며 심지어 github.com, gitlab.com, bitbucket.org와 같은 많은 제공업체가 무료 개인 저장소도 지원합니다.

3.3 주석을 상수로 대체

```
enum SmallDistanceUnit {

    CENTIMETER,
    INCH;

    double getConversionRate(SmallDistanceUnit unit) {
        if (this == unit) {
            return 1; // 동등 변환률
        }

        if (this == CENTIMETER && unit == INCH) {
            return 0.393701; // 1센티미터당 인치
        } else {
            return 2.54; // 1인치당 센티미터
        }
    }
}
```

주석은 코드를 설명하는 데 필요합니다. 하지만 코드로 직접 설명하는 것이 훨씬 낫습니다!

위 예제는 단위 변환을 수행합니다. **2.6 새 줄로 그루핑(069쪽)**에서 보았던 예제와 매우 비슷한데 큰 단위 대신 작은 단위를 썼습니다. getConversionRate() 메서드는 변환률 숫자를 반환합니다. 숫자마다 무엇을 뜻하는지 설명해주는 주석이 있죠. 첫 번째 수는 동등 변환이고 나머지 둘은 센티미터에서 인치로, 그리고 그 반대 변환입니다.

주석이 없었다면 수는 **2.1 매직 넘버를 상수로 대체(057쪽)**에서 보았던 **매직 넘버**입니다. 주석은 그 '매직'을 가져와 수에 의미를 부여합니다.

나쁘지 않은 방법입니다. 어쨌든 주석은 분명히 도움이 되니까요. 하지만 코드 자체로 더 의미 있게 만들 수 있습니다.

아래 방법을 보세요.

```java
enum SmallDistanceUnit {

    CENTIMETER,
    INCH;

    static final double INCH_IN_CENTIMETERS = 2.54;
    static final double CENTIMETER_IN_INCHES = 1 / INCH_IN_CENTIMETERS;
    static final int IDENTITY = 1;

    double getConversionRate(SmallDistanceUnit unit) {
        if (this == unit) {
            return IDENTITY;
        }

        if (this == CENTIMETER && unit == INCH) {
            return CENTIMETER_IN_INCHES;
        } else {
            return INCH_IN_CENTIMETERS;
        }
    }
}
```

기본적으로 **2.1 매직 넘버를 상수로 대체(057쪽)**에서 보았던 방법을 적용했습니다. 이 방법으로 주석을 제거하고 상수명으로 합쳤습니다. 어쩌면 주석을 코드에 '임베딩'한 셈이죠.

이제 코드만으로 훨씬 더 많은 것을 알 수 있습니다. 상수 몇 개를 추가함으로써 가능했죠. 상수의 장점은 이름으로 의미를 드러낸다는 점입니다. 그러니 더이상 주석으로 설명할 필요가 없습니다. 주석이 실제 코드로 변했습니다.

주석은 시간이 지나도 변하지 않을 위험성을 항상 내포합니다. 일반적으로 프로그래머는 코드만큼 주석에 엄격하지 않습니다. 코드는 바꾸어도 주석은 무시하거나 설명서 없이 새 변환률을 추가하기도 하죠.

이름 등으로 코드를 설명하면 코드 변경 시 무시할 일이 거의 없습니다. 경험상 주석을 상수나 변수, 필드, 메서드 이름으로 넣을 수 있다면 망설이지 말고 하세요!

3.4 주석을 유틸리티 메서드로 대체

```java
class FuelSystem {

    List<Double> tanks = new ArrayList<>();

    int getAverageTankFillingPercent() {
        double sum = 0;
        for (double tankFilling : tanks) {
            sum += tankFilling;
        }
        double averageFuel = sum / tanks.size();
        // 정수 백분율로 반올림
        return Math.toIntExact(Math.round(averageFuel * 100));
    }
}
```

주석을 상수로 반환하는 방법은 사용 가능한 여러 수단 중 하나입니다. 하지만 코드가 더 복잡해지면 어쩌죠? 모든 값이 고정된 값일 수는 없으니까요.

위 예제는 평균을 계산하고 변환하기 전에 그 값을 조작하는 코드입니다. 마지막 명령문이 무엇을 하려는지 바로 알아차렸나요? 만약 그렇다면 작성자가 마지막 줄을 주석으로 설명한 덕분이죠.

앞 절에서 우리가 주석을 싫어한다는 점을 어느 정도 눈치챘을 텐데요. 그러면 도대체 어떡해야 할까요?

한 가지 방법은 아래처럼 명명된 변수를 생성하는 것입니다.

```
int roundedToPercent = Math.toIntExact(Math.round(averageFuel * 100));
return roundedToPercent;
```

코드는 명확해졌고 주석은 제거되었습니다. 하지만 메서드에 추가한 변수가 꽤 불필요합니다. 바로 변환되니까요.

더 나아질 수 있는지 봅시다!

```
class FuelSystem {

    List<Double> tanks = new ArrayList<>();

    int getAverageTankFillingPercent() {
        double sum = 0;
        for (double tankFilling : tanks) {
            sum += tankFilling;
        }
        double averageFuel = sum / tanks.size();
        return roundToIntegerPercent(averageFuel);
    }

    static int roundToIntegerPercent(double value) {
        return Math.toIntExact(Math.round(value * 100));
    }
}
```

주석이나 변수를 추가하는 방법보다 유틸리티 메서드를 이용할 때 몇 가지 장점이 있습니다.

첫째, 코드가 무엇을 하는지 이름만으로 설명할 수 있으니 메서드에서 주석을 제거할 수 있습니다. 변수 이름에서 얻을 수 있는 장점과 같죠. 하지만 그것이 전부가 아닙니다.

둘째, 첫 번째 메서드에 줄을 추가하지 않아도 됩니다. 대신 메서드가 두 개로 늘었죠. 각 메서드가 더 짧아지니 각각 이해하기 더 쉽습니다.

셋째, 다른 메서드에서 새 메서드를 재사용할 수 있습니다. 지금 당장은 쓰일 일이 없더라도 이러한 식으로 코드를 조금씩 모듈화하게 됩니다.

넷째, 메서드에 계층 구조가 생겼습니다. 최상위 메서드 getAverageTank FillingPercent()는 하위 메서드 roundToIntegerPercent()를 호출합니다. 이로써 상위 계층 메서드의 이해도가 개선됩니다.

이상적으로 각 메서드는 비슷한 추상화 정도를 갖는, 명명된 명령문의 나열입니다. 이러한 맥락에서 평균을 계산하는 코드도 새로운 유틸리티 메서드로 추출할 수 있습니다. 그러면 들여쓰기 수준이 같은 메서드 세 개가 생기겠죠.

정리해보면 **3.4 주석을 유틸리티 메서드로 대체(088쪽)**함으로써 텍스트 줄만 제거되는 것이 아니라 코드가 더 모듈화되고 추상화 수준도 균형을 이룹니다.

3.5 구현 결정 설명하기

```
class Inventory {

    private List<Supply> list = new ArrayList<>();

    void add(Supply supply) {
        list.add(supply);
        Collections.sort(list);
    }

    boolean isInStock(String name) {
        // 빠른 구현
        return Collections.binarySearch(list, new Supply(name)) != -1;
    }
}
```

결정은 인생을 어렵게 만듭니다. 코드에서도 마찬가지죠.

코드에서도 어려운 결정을 내려야 할 때가 있습니다. 객관적으로 옳거나 그른 것이 없는 상황, 장점과 단점이 모두 있는 상황에서요. 바로 그럴 때 주석이 필요합니다!

위 코드를 보세요. 프로그래머가 왜 binarySearch를 쓰기로 결정했는지 궁금한가요? 음, 적어도 (도움이 될 만한) 주석을 남기긴 했습니다. 빨라야 한다고요.

프로그래머는 binarySearch를 쓰기로 결정했지만 이 방법에 **네**라고 대답함으로써 다른 많은 방법에 **아니오**라고 대답한 셈입니다. 주석이 이 선택의 근거를 정말 타당하게 설명하고 있나요? 코드에서 알고 싶은 것을 생각해보세요. 그리고 주석이 뭐라고 답해야 했을지도요.

알고 싶은 것은 이러한 것들입니다. 왜 **빠른가요**? 코드는 왜 빨라야 하나요? binarySearch 메서드가 정말 빠른가요? 이 빠른 해법의 비용이나 트레이드 오프(trade off)는 무엇인가요?

그런데 주석이 설명하는 것은 무엇인가요? 음, 딱 보아도 이 질문들에 대한 답은 없네요. 그러면 어떻게 향상시킬 수 있을까요?

새로 확장한 주석을 봅시다.

```
class Inventory {
    // 리스트를 정렬된 채로 유지한다. isInStock()을 참고한다.
    private List<Supply> list = new ArrayList<>();

    void add(Supply supply) {
        list.add(supply);
        Collections.sort(list);
    }

    boolean isInStock(String name) {
        /*
         * 재고가 남았는지 재고명으로 확인해야 한다면,
         * 재고가 천 개 이상일 때 심각한 성능 이슈에 직면한다.
         * 1초 안에 항목을 추출하기 위해
         * 비록 재고를 정렬된 채로 유지해야 하지만
```

```
     * 이진 검색 알고리즘을 쓰기로 결정했다.
     */
    return Collections.binarySearch(list, new Supply(name)) != -1;
  }
}
```

훨씬 더 유용한 주석이 되었습니다. 사용 사례(use case)와 우려사항, 해법, 그리고 지불해야 할 트레이드 오프나 비용까지 명시합니다.

유용해졌을 뿐만 아니라 작성하기도 쉽습니다. 템플릿을 사용해 필요한 부분만 간단히 채웠습니다. 아래를 보세요.

In the context of [USE CASE],	[사용 사례]의 맥락에서
facing [CONCERN]	직면하는 [우려사항]과
we decided for [OPTION]	우리가 선택한 [해법]으로
to achieve [QUALITY],	얻게 되는 [품질]과
accepting [DOWNSIDE].	받아들여야 하는 [단점]

코드를 보면 이러한 구조를 쉽게 알아채고 찾을 수 있습니다. 이러한 템플릿을 사용하면 주요 측면을 빠뜨리는 경우가 거의 없습니다. 이해하기 쉽고 미리 정의된 구조를 따르므로 동료 개발자가 주석을 이해하기도 더 쉽고요. 드디어 팀 규칙이 제 역할을 하는 순간입니다.

중요한 결정이나 코드에서 까다로운 부분을 설명할 때는 꼭 위 템플릿을 사용하세요. 똑같지 않아도 되지만 규칙은 도움이 됩니다. 그러니 프로젝트에서 이러한 상황을 처음 만나면 팀 회의를 열고 프로젝트 템플릿을 결정하세요!* 그리고 list 필드를 설명한 주석에서처럼 코드에서 영향을 받는 부분도 반드시 함께 표시하세요.

---

* 위 템플릿은 지속 가능한 구조적 디자인 결정에서 발췌한 실제 과학적 추천 사항입니다. adr.github.io에 템플릿이 더 있습니다.
  역주 ADR(Architecture Decision Records)은 아키텍처 의사 결정을 뜻합니다. github 페이지에는 각 프로그래밍 언어에서 사용할 수 있는 도구와 템플릿이 제공됩니다.

3.6 예제로 설명하기

```java
class Supply {
    /**
     * 아래 코드는 어디서든 재고를 식별한다.
     *
     * S로 시작해 숫자 다섯자리 재고 번호가 나오고
     * 뒤이어 앞의 재고 번호와 구분하기 위한 역 슬래시가 나오고
     * 국가 코드가 나오는 엄격한 형식을 따른다.
     * 국가 코드는 반드시 참여 국가인 (US, EU, RU, CN) 중
     * 하나를 뜻하는 대문자 두 개여야 한다.
     * 이어서 마침표와 실제 재고명이 소문자로 나온다.
     */
    static final Pattern CODE =
        Pattern.compile("^S\\d{5}\\\\(US|EU|RU|CN)\\.[a-z]+$");
}
```

어떤 프로그래밍 구조체(construct)는 매우 강력한 동시에 매우 복잡합니다. 정규식이 바로 그러한 부류죠. 복잡한 만큼 더 쉽게 이해할 수 있도록 설명해야 합니다.

위 코드에는 장황한 정규식이 있습니다. CODE라는 이름으로는 어디에 쓰이는지 전혀 알 수 없지만 주석이 길게 딸려 있네요.

언뜻 좋은 방법 같습니다. 최소한 코드와 더불어 주석이 있으니까요. 주석은 정규식과 부합하는 문자열 유형을 설명하고 있고 코드는 정규식이 정확히 한 번만 컴파일되게 했습니다.

설명서가 틀렸다는 말이 아닙니다(틀리지 않았습니다). 문제는 설명서가 덜 정확하고 숙련된 개발자라면 정규식 코드만으로 읽을 수 있는 내용을 그대로 반복하고 있다는 점입니다.

"예제로 본을 보인다"는 항상 훌륭한 조언입니다. 정규식을 설명할 때도 매우 유용합니다.

설명서를 어떻게 향상시킬 수 있는지 봅시다.

```
class Supply {
    /**
     * 아래 표현식은 어디서든 재고 코드를 식별한다.
     *
     * 형식: "S<inventory-number>\<COUNTRY-CODE>.<name>"
     *
     * 유효한 예: "S12345\US.pasta", "S08342\CN.wrench",
     * "S88888\EU.laptop", "S12233\RU.brush"
     *
     * 유효하지 않은 예:
     * "R12345\RU.fuel."      (재고가 아닌 자원)
     * "S1234\US.light"       (숫자가 다섯 개여야 함)
     * "S01234\AI.coconut"    (잘못된 국가 코드. US나 EU, RU, or CN 중 하나를 사용한다.)
     * " S88888\EU.laptop "   (마지막에 여백이 있음.)
     */
    static final Pattern SUPPLY_CODE =
        Pattern.compile("^S\\d{5}\\\\(US¦EU¦RU¦CN)\\.[a-z]+$");
}
```

주석이 전보다 좀 길지만 더 구조적이고 정보도 더 많이 제공합니다. 간단히 말해 반 자연어(semi-natural language)로 형식을 설명하면서 유효한 예제와 유효하지 않은 예제 몇 가지를 제공하고 있습니다.

시작하는 문장은 앞과 같지만 형식: 부분에서 앞 예제의 내용을 한 줄로 요약합니다. 단지 코드를 변형한 줄이지만 정규식 문법이 아닌 실제 의미를 설명합니다. <inventory-number>는 \\d{5}보다 훨씬 이해하기 쉽습니다. \나 .처럼 문법으로만 이루어진 부분은 더 설명하지 않아도 됩니다.

이어서 구체적인 예제가 나옵니다. 유효한 예제는 일반적으로 표현식을 한 번에 이해할 수 있게 해줍니다. 코드나 장황한 설명으로는 불가능하죠. 유효하지 않은 예제는 뭔가 잘못되었을 때 간단히 참조하기 편합니다.

물론 모든 경우를 예제에서 다루기는 어렵습니다. 하지만 전체의 약 90%로도 충분하며 이해하기 훨씬 쉬워집니다. 덧붙여 예제를 단위 테스트로 추가해도 좋습니다!

마지막으로 더 의미 있는 이름인 SUPPLY_CODE도 변수에 부여했습니다.

3.7 패키지를 JavaDoc으로 구조화하기

```
/**
 * logistics라는 이 패키지는 물류(logistics)를 위한 클래스를 포함한다.
 * 이 패키지의 inventory 클래스는 화물선에 제품을 선적하고,
 * 변질된 제품은 모두 버릴 수 있다.
 * 이 패키지의 클래스:
 * - Inventory
 * - Supply
 * - Hull
 * - CargoShip
 * - SupplyCrate
 *
 * @author A. Lien, H. Uman
 * @version 1.8
 * @since 1.7
 */
package logistics;
```

JavaDoc[*]은 자바 API가 제공하는 문서화 기능입니다. 패키지를 비롯해 코드에서 public인 요소를 설명하는 데 사용합니다. API를 작성 중이고 API를 사용하는 데 다른 요소가 필요하다면 반드시 사용해야 합니다.

위 코드는 logistics 패키지의 JavaDoc입니다.[**] 언뜻 보면 JavaDoc 주석이 좋아 보입니다. 그렇죠? 나쁘지 않은 간략한 요약문으로 시작하고 더 상세한 설명이 뒤를 잇고 패키지 내 모든 클래스 목록이 나옵니다. 심지어 @author와 현재 배포판의 @version, 이 패키지를 추가했을 때의 버전인 @since를 나타내는 특수 표기까지 사용합니다. 하지만 여러 번 들여다보면 많은 문제점을 발견할 수 있습니다!

기본적으로 요약문은 불필요합니다. 요약문의 품질이 아닌 단어 수만큼 월급을 받는다면 모를까요.

나머지 설명은 너무 추상적입니다. 패키지 내 클래스를 어떻게 사용하나요? 전체 클래스 목록이 정말 필요한가요? 그렇지 않습니다! JavaDoc은 그래도 이 목록을 자동으로 생성합니다.

마지막 표기도 전혀 유용하지 않습니다. 버전 관리 도구에도 들어 있는 중복 정보죠. 이 정보를 코드와 동기화할 사람 있나요? 손 들어 보세요.

요약하면 위 코드 내 대부분의 정보는 불필요한 군더더기입니다. 소스만 보면 바로 알 수 있죠.

그렇다면 패키지의 JavaDoc 설명서는 어떤 내용을 포함해야 할까요? 아래 방식을 추천합니다.

```
/**
 * 제품 재고를 관리하는 클래스
 *
 * <p>
```

---

[*] http://www.oracle.com/technetwork/articles/java/index-137868.html
[**] 패키지의 JavaDoc은 package-info.java 파일에 넣어야 합니다. 비슷하게 자바 9의 모듈에도 전용 module-info.java 파일이 있습니다.

```
* 주요 클래스는 {@link logistics.Inventory}로서 아래를 수행한다.
* <ul>
* <li> {@link logistics.CargoShip}으로 선적하고,
* <li> 변질된 {@link logistics.Supply}를 모두 버리고,
* <li> 이름으로 어떤 {@link logistics.Supply}든 찾는다.
* </ul>
*
* <p>
* 이 클래스는 제품을 내리고 변질된 제품은 즉시 모두 버릴 수 있게 해준다.
* <pre>
* Inventory inventory = new Inventory();
* inventory.stockUp(cargoShip.unload());
* inventory.disposeContaminatedSupplies();
* inventory.getContaminatedSupplies().isEmpty(); // true
* </pre>
*/
package logistics;
```

영역 세 개를 수직으로 분리하고 불필요한 정보도 없앴습니다.

소개문은 패키지 내 클래스로 무엇을 할 수 있는지 매우 짧은 요약을 제공합니다.

두 번째 부분은 패키지 내 주요 클래스로 무엇을 할 수 있는지 설명합니다. 패키지를 더 자세히 살펴보는 진입점이자 필요할 때 매우 훌륭한 아이디어도 제공합니다. @link 표기를 사용함으로써 간단히 클래스를 클릭해 바로 이동할 수도 있습니다. 심지어 JavaDoc 도구는 설명서를 생성하면서 연결된 클래스가 있는지도 확인합니다.

버전 관리 도구에도 들어 있는 정보인 @author와 같은 표기 대신 세 번째 부분에서는 주요 사용 사례(use case)를 어떻게 구현하는지 보여주는 구체적인 예제를 제공합니다. 개발자가 즉석에서 바로 사용할 수 있는 예제로요.

훌륭한 패키지 설명서는 이해도에 큰 변화를 불러옵니다. 패키지 내 모든 클래스로의 진입 장벽도 낮춥니다. 사용자 API가 훌륭히 문서화되고 깃허브에서 별도 더 많이 딸 수 있을 거예요!

3.8 클래스와 인터페이스를 JavaDoc으로 구조화하기

```java
/**
 * 이 클래스는 화물선을 나타낸다.
 * 제품의 {@link Stack}를 내릴 수 있고 제품의 {@link Queue}를 실을 수 있으며
 * long 타입으로 remainingCapacity를 보여줄 수 있다.
 */
interface CargoShip {
    Stack<Supply> unload();
    Queue<Supply> load(Queue<Supply> supplies);
    int getRemainingCapacity();
}
```

이미 알고 있겠지만 모든 퍼블릭 클래스나 인터페이스는 JavaDoc으로 설명해야 합니다. 이것은 대부분의 자바 프로젝트에 적용되는 규칙입니다.

문제는 대부분의 개발자가 JavaDoc을 맨 나중에 마감이 임박했을 때 쓴다는 점입니다. 이렇게 되면 위 주석처럼 됩니다. 외견상으로는 괜찮아 보이죠.

JavaDoc 주석은 요약과 클래스 기능에 대한, 더 상세한 모든 설명을 포함합니다. 심지어 @link 표기를 사용해 클래스가 사용했던 자료 구조와도 연결해줍니다.

하지만 패키지를 JavaDoc으로 구조화하기에서처럼 구조화가 덜 되었습니다. 요약과 상세 설명이 수직적 분리 없이 서로 붙어 있습니다. 그래서 각각 떼어놓고 식별하기 어렵습니다. 게다가 주석에 오류까지 있습니다.

요약문은 단순히 인터페이스명을 반복할 뿐 별다른 역할을 못 합니다. 설상가상 CargoShip은 주석에 명시된 것처럼 클래스가 아닌 인터페이스이니 틀리기까지 했습니다.

상세 설명은 인터페이스의 메서드 서명을 되풀이합니다. 얼마 안 지나 실제 코드와 부합하지 않을 수도 있죠. getRemainingCapacity()가 롱(long) 값을 더 이상 반환하지 않으면요.

그렇다면 단순히 인터페이스의 메서드 서명만 반복하지 않는 유용한 주석은 어떻게 작성할까요?

```
/**
 * 화물선은 용량에 따라 제품을 싣고 내릴 수 있다.
 *
 * <p>
 * 제품은 순차적으로 선적되고 LIFO(last-in-first-out) 순으로 내려진다.
 * 화물선은 용량만큼만 제품을 저장할 수 있다.
 * 용량은 절대 음수가 아니다.
 */
interface CargoShip {
    Stack<Supply> unload();
    Queue<Supply> load(Queue<Supply> supplies);
    int getRemainingCapacity();
}
```

이제 JavaDoc 주석 최상단에 있는 요약문이 눈에 잘 띕니다. 인터페이스명을 똑같이 되풀이하지 않으면서 유용한 조언도 제공합니다.

이어지는 설명은 후입선출법(last-in-first-out) 사용과 같은 동작을 더 상세히 설명합니다.

더불어 인터페이스를 호출할 때 capacity에 대해 보장하는 두 가지 조건도 명시합니다. java.util.List 인터페이스나 다른 인터페이스, 그리고 상태를 갖는 클래스의 JavaDoc 주석에서도 이러한 조건을 볼 수 있는데요. 항상 참이므로 이것을 조건 불변(invariant)이라고 부릅니다.

결론적으로 인터페이스와 퍼블릭 클래스를 위한 훌륭한 JavaDoc 주석은 다음과 같이 작성하세요. 먼저 짧고 간결한 요약으로 시작하세요. 요약을 클래스나 인터페이스가 보장하는 불변과 수직으로 분리하세요. 메서드 서명을 되풀이하지 마세요.

또한 예제는 항상 도움이 됩니다! 그러니 가만히 앉아 위 인터페이스의 용법을
나타낼 예제를 만들어 보세요.

3.9 메서드를 JavaDoc으로 구조화하기

```java
interface CargoShip {
    Stack<Supply> unload();
    /**
     * {@link Supply}를 싣는다.
     *
     * @param {@link Queue} 타입의 제품 제공
     * @return {@link Queue} 타입의 적재되지 않은 제품
     */
    Queue<Supply> load(Queue<Supply> supplies);

    int getRemainingCapacity();
}
```

클래스와 인터페이스(3.8 클래스와 인터페이스를 JavaDoc으로 구조화하기(098쪽))를
넘어 이제 메서드를 위한 JavaDoc 주석으로 한 단계 더 깊이 들어가겠습니다.

메서드는 객체의 동작을 표현합니다. 메서드를 호출하면 상태 변경과 부수 효
과가 발생합니다. 그래서 다른 어떤 JavaDoc 주석 유형보다 메서드의 JavaDoc
설명이 중요합니다. 대부분의 현대 IDE만 보더라도 알 수 있어요. IDE는 메서
드의 JavaDoc 주석에서 추출한 내용을 기반으로 프로그래머에게 호출할 메서
드를 선택하게 해줍니다. 일반적으로 JavaDoc을 빠르게 조회하는 함수도 지원
합니다.

예제에서 사용한 요약문과 @link 표기는 어떤가요? 앞에서 자주 그랬듯이 주석은 유용한 정보를 별로 제공하지 못 합니다.

그러면 나머지 주석 두 줄, @param으로 표시한 입력 매개변수와 @return으로 표시한 반환값은 어떤가요? 새로운 내용 없이 메서드 서명만 반복할 뿐입니다.

그러니 이 주석으로 충분하겠습니까? Queue 인스턴스 대신 널을 전달하면 어떤 일이 생길지 알겠나요? 특정 입력에 대해 런타임 예외가 발생할까요?

대답은 "아니오. 아니오. 그리고 모르겠습니다."입니다. JavaDoc 주석이 있는데도 메서드가 어떻게 동작하는지 전혀 알 수 없습니다. 이 메서드를 사용하면 코드가 어떻게 동작할지 더 이상 확신할 수 없습니다. API를 개발 중이라면 문제가 더 큽니다.

어떻게 바꿀 수 있는지 봅시다.

```
interface CargoShip {
    Stack<Supply> unload();
    /**
     * 제품을 화물선에 싣는다.
     *
     * <p>
     * 남은 용량만큼만 제품을 싣게 해준다.
     *
     * 예:
     * <pre>
     * int capacity = cargoShip.getRemainingCapacity(); // 1
     * Queue&lt;Supply> supplies = Arrays.asList(new Supply("Apple"));
     * Queue&lt;Supply> spareSupplies = cargoShip.load(supplies);
     * spareSupplies.isEmpty(); // 참
     * cargoShip.getRemainingCapacity() == 0; // 참
     * </pre>
     *
     * @param 적재할 제품; 널이면 안 된다.
     * @return 용량이 작아 실을 수 없었던 제품;
     *            모두 실었다면 empty
     * @throws 제품이 널이면 NullPointerException
     * @see CargoShip#getRemainingCapacity() 용량을 확인하는 함수
     * @see CargoShip#unload() 제품을 내리는 함수
```

```
    */
    Queue<Supply> load(Queue<Supply> supplies);

    int getRemainingCapacity();
}
```

훨씬 나아졌습니다. 마치 계약서를 읽듯 JavaDoc 주석이 읽힙니다. 입력과 내부 상태가 특정 출력과 상태 변경을 어떻게 보장하는지 명시합니다.

위 계약은 설명과 코드 예제로 만든 훌륭한 사례입니다. 〈pre〉는 XML 환경이므로 〈pre〉 내 〈 문자를 반드시 <로 탈출시켜야 합니다.

심지어 null처럼 유효하지 않은 입력까지도 @param 설명에 명시하면서 위반 시 NullPointerException을 @throws한다고도 언급했습니다.

그뿐만 아니라 @see 표기로 다른 메서드도 참조합니다. 메서드가 일으킨 효과를 되돌리는 방법이나 메서드 호출로 야기된 상태 변화를 관찰할 수 있는 방법을 설명합니다.

다만 계약서 비유가 꼭 들어맞는 것은 아닙니다. 구현과 명세가 다르다는 이유로 누군가를 고소할 수는 없으니까요.

3.10 / 생성자를 JavaDoc으로 구조화하기

```
class Inventory {

    List<Supply> supplies;

    /**
```

```
 * 새 Inventory의 생성자
 */
Inventory() {
    this(new ArrayList<>());
}

/**
 * 새 Inventory의 또 다른 생성자
 *
 * 제품을 Inventory에 추가할 수 있는 생성자
 */
Inventory(Collection<Supply> initialSupplies) {
    this.supplies = new ArrayList<>(initialSupplies);
}
}
```

자바에는 의미 있고 알맞은 이름을 할당할 수 없는 특수한 메서드 유형이 하나 있습니다. 바로 생성자입니다. 생성자명은 무조건 클래스명과 같아야 합니다. 다른 메서드보다 목적이 더 확실하지만(생성자는 항상 객체를 생성합니다) 잘 못 사용하면 객체에 문제가 생깁니다. 그래서 JavaDoc 주석은 생성자에 대해 의미 정보를 적절히 설명해야 합니다.

위 예제의 JavaDoc은 형편없습니다. 요약문은 새로운 정보를 전달하지 않을 뿐만 아니라 전혀 쓸모가 없습니다. 두 번째 생성자의 두 번째 요약문도 핵심에서 벗어나 있습니다. supplies를 정확히 어떻게 추가하나요? initialSupplies 매개변수를 참조해 추가하나요? 아니면 다른 메서드를 쓰나요?

또한 두 생성자의 관계도 전혀 추론할 수 없습니다. 일반적으로 외부 클래스를 사용할 때는 소스 코드를 읽지 않습니다. JavaDoc만 보죠. 따라서 생성자*의 JavaDoc 주석은 프로그래머가 생성자를 사용하는 데 필요한 모든 요소를 설명해야 합니다.

그렇다면 어떤 정보를 알아야 이 클래스를 올바르게 사용할 수 있을까요?

---

* 때로는 생성자를 일제히 숨기고 의미 있게 명명한 정적 메서드, 즉 내부적으로 흔히 팩터리 메서드로 불리는 숨겨진 생성자를 호출하는 메서드만 노출하는 것이 더 편리합니다.

```
class Inventory {

    List<Supply> supplies;

    /**
     * 빈 재고를 생성한다.
     *
     * @see Inventory#Inventory(Collection) 초기 제품을 초기화하는 함수
     */
    Inventory() {
        this(new ArrayList<>());
    }

    /**
     * 제품을 처음으로 선적한 재고를 생성한다.
     *
     * @param initialSupplies    제품을 초기화한다.
     *                           널이면 안 되고 빌 수 있다.
     * @throws NullPointerException initialSupplies가 널일 때
     * @see Inventory#Inventory() 제품없이 초기화하는 함수
     */
    Inventory(Collection<Supply> initialSupplies) {
        this.supplies = new ArrayList<>(initialSupplies);
    }
}
```

무엇보다 중요한 정보는 생성자를 올바르게 호출하는 방법입니다. 특히 원하는 대로 동작하려면 어떤 전제 조건(precondition)을 충족해야 하는지 알아야 하죠. 기본 생성자에는 전제 조건과 입력 매개변수가 전혀 없지만 두 번째 생성자에는 있습니다. Supply 객체의 Collection이 initialSupplies를 호출합니다. 메서드 매개변수와 마찬가지로 initialSupplies도 설명해야 합니다. 예제의 경우, null을 입력하면 안 되고 입력하면 NullPointerException이 발생합니다. @throws 부분에 명시되어 있죠.

두 번째 생성자 종료 후 객체 상태 정보를 알아야 하는데 상태에 따라 그 시점에서 호출할 수 있는 메서드가 결정되기 때문입니다. 이것을 '사후 조건

(postcondition)'이라고 부릅니다. 코드를 보면 재고는 "빈" 상태가 되거나 "초기 제품"으로 채워집니다. 두 생성자의 요약문을 보면 알 수 있습니다.

이 외에도 두 개의 @see 표기 주석이 더 있습니다. 이 표기는 개발자에게 힌트를 줍니다. 알려주지 않았다면 몰랐을 대안을 보여주죠. 예제에서는 두 표기를 통해 두 생성자의 관계를 설명합니다.

생성자에는 이름이 없다보니 JavaDoc이 그만큼 매우 중요합니다!

3.11 3장에서 배운 내용

3장에서는 유용한 주석을 언제 어떻게 쓰는지 배웠습니다. 너무 사소해보일 수도 있습니다. 나중에는 컴파일러가 삭제해버리는데 누가 신경이나 쓰겠어요?

하지만 전혀 그렇지 않습니다! 훌륭한 주석은 코드 기반을 더 읽기 쉽고 이해하기 쉽게 만듭니다. 향후 유지보수에 도움이 되는 매우 좋은 방법입니다. 물론 정말 필요한 곳에 실제로 도움이 되는 방식으로 넣어야겠죠.

그래서 3장에서는 맨 먼저 주석을 언제 사용하고 언제 제거해야 하는지 살펴보았습니다. 불필요한 주석뿐만 아니라 주석 처리된 코드도 없애는 것이 낫다고 배웠습니다. 어쨌든 버전 관리 도구에 보관되니까요. 상수나 유틸리티 메서드로 추출해 주석을 코드로 변환하는 방법도 배웠습니다. 이렇게 하면 컴파일러의 지원을 더 받을 수 있습니다.

그렇다고 주석 삭제만 다룬 것은 아닙니다! 구현 관련 디자인 결정이나 정규식 등을 설명할 때 제3자에게 도움이 되도록 설명서 구성법도 배웠습니다.

설명서에도 규칙이 있으므로 JavaDoc을 활용해 잘 문서화된 패키지와 인터페이스, 메서드를 만드는 방법을 보여드렸습니다.

아직 갈 길이 멉니다! 앞에서 보았듯이 규칙은 쉽게 이해할 수 있는 설명서를 작성하는 데 도움이 됩니다. 하지만 모든 변수를 x, y, z처럼 명명하면 여전히 혼동되겠죠. 학창시절 수학 수업처럼요. 4장에서는 자바 개발자가 쉽게 이해할 수 있도록 코드 구조에 좋은 이름을 할당하는 방법을 보여드리겠습니다.

4^장

올바르게
명명하기

컴퓨터 과학에서 어려운 문제는 딱 두 가지, 캐시 무효화(cache invalidation)와
명명(naming)이다.

– 필 칼튼

말코 손바닥 사슴(moose)은 노르웨이어로 'elg'라고 부릅니다. 유럽에서 최초로 북아메리카에 온 북부 정착민은 이 거대한 'elg' 같은 동물을 숲에서 본 후 "좋아! 저 녀석을 elg라고 부르겠어"(영어로는 elk)라고 마음먹었습니다. 하지만 완전히 틀렸죠. 정착민은 생전 처음 큰사슴(wapiti)을 우연히 보았을 뿐 전혀 다른 사슴 종이었습니다. 북아메리카에도 유럽 'elg'의 친척뻘인 말코 손바닥 사슴이 있습니다. 이 작은 명명 실수 하나가 야생에서 사는 북아메리카인과 유럽인 사이에 지금까지도 엄청난 혼동을 일으키고 있습니다. 스칸디나비아 지방에서는 'elg 투어'를 시작할 때마다 어원을 두고 어김없이 토론이 벌어집니다.

좋은 이름을 짓는 것은 무척 어렵습니다. 전문가도 처음부터 좋은 이름을 구상하기는 어렵죠. 유럽 정착민은 말코 손바닥 사슴이 무엇인지 알았지만 본의 아니게 엉뚱한 동물에게 그 이름을 붙였습니다.

코드 요소를 명명하는 것은 훨씬 어렵습니다. 코드에는 쉽게 알아챌 수 있는 뿔이나 다른 특징이 없거든요. 추상적일 뿐만 아니라 대체로 전혀 새롭고 특정 도메인에만 귀속됩니다.

그래서 프로그래밍에서는 훌륭한 명명이 매우 중요합니다. 패키지, 클래스, 메서드, 필드, 매개변수, 지역 변수 등 명명할 요소가 너무나 많습니다. 일반적으로 이러한 요소는 불분명하거나 이해하기 힘든 개념을 표현합니다. 그렇다보니 처음부터 좋은 이름을 짓는 것은 정말 어렵습니다. 시간이 흐르면서 요소를 두고두고 사용하다 보면 개념을 더 쉽게 연관지을 수 있으니 더 좋은 이름을 좀 더 쉽게 명명할 수 있겠죠.

4장에서는 비교를 통해 코드 요소에 더 걸맞는 이름을 할당하는 방법을 배우겠습니다. 명명할 때 자바 규칙(convention)이 왜 중요한지, 메서드 명명은 특히 더 왜 간결해야 하는지, 의미없거나 한 글자짜리 이름은 어떻게 피하는지 보여드리겠습니다. 시작해 봅시다!

4.1 자바 명명 규칙 사용하기

```java
class Rover {

    static final double WalkingSpeed = 3;

    final String SerialNumber;
    double MilesPerHour;

    Rover(String NewSerialNumber) {
        SerialNumber = NewSerialNumber;
    }

    void Drive() {
        MilesPerHour = WalkingSpeed;
    }
    void Stop() {
        MilesPerHour = 0;
    }
}
```

자바에서는 패키지, 클래스, 인터페이스, 열거형(enum), 메서드, 변수, 필드, 매개변수, 상수 등 수많은 **요소**를 명명해야 합니다. 위 코드를 보세요. 이름이 무척 많습니다. 이상한 부분이 있나요? 패턴을 찾을 수 있겠나요?

모두 일관되도록 CamelCase로 명명해 공백없이 모든 단어가 대문자로 시작되고 있습니다. 그러면 일관되게 명명하면 아무 방식이나 써도 될까요?

글쎄요, 이론적으로는 맞지만 실제로는 아닙니다! 전문적이라고 여겨지는 외부 자바 코드는 다른 방식을 따릅니다. 위 코드는 뭔가 크게 잘못된 것 같지만 적어도 읽기에는 별로 어렵지 않습니다. 한 가지 분명히 짚고 넘어가자면 기능상 오류는 없습니다. 하지만 자바 프로그래머에게 자바 코드처럼 읽히지 않습니다.

그렇다면 자바처럼 보이게 하려면 코드를 어떻게 바꾸어야 할까요?

```
class Rover {
    static final double WALKING_SPEED = 3;

    final String serialNumber;
    double milesPerHour;

    Rover(String SerialNumber) {
        this.serialNumber = SerialNumber;
    }

    void drive() {
        milesPerHour = WALKING_SPEED;
    }
    void stop() {
        milesPerHour = 0;
    }
}
```

자바 코드 규칙은 1997년부터 있었습니다.[*] 이 규칙은 이름을 비롯해 자바 코
드를 서식화하는 **실질적** 표준입니다.

---

[*] http://www.oracle.com/technetwork/java/codeconventions-150003.pdf

자바 코드 규칙을 따르도록 위 코드를 바꾸어 보았습니다. class명은 이미 규칙을 따르므로 그대로 두었습니다. 대문자로 시작하고 이름 내 모든 용어를 대문자로 시작하는 CamelCase로 작성했습니다. 인터페이스와 enum도 마찬가지입니다.

상수(final과 static인 변수)는 두드러지게 표현하기 위해 CAPITAL_SNAKE_CASE로 작성해야 합니다. 이름 내 모든 철자가 대문자이고 용어를 밑줄(_)로 구분합니다. 이것만으로도 상수명은 "나는 바뀌지 않을 거야!"라고 외치는 셈이죠.

메서드와 필드 매개변수, 변수는 첫 글자가 소문자로 시작하는 camelCase의 변형입니다. 이렇다 보니 같은 스키마로 명명되는 메서드명(동작)과 변수명(상태)이 혼동될 위험이 있습니다. 그래서 이름 자체만으로 메서드인지 변수인지 드러내야 합니다. 위 코드의 drive()에서 보듯이 메서드는 동사로 명명하거나 is, has, save, get, set 등의 동사로 시작해야 합니다. 변수는 serialNumber나 milesPerHour처럼 명사를 사용합니다.

자바 코드 규칙은 훌륭한 명명의 첫 단추일 뿐입니다. 요점은 규칙을 따르지 않으면 절대로 좋은 이름을 얻을 수 없다는 것이죠(반대로 말해 규칙을 따르더라도 형편없는 이름이 나올 수 있으며 그러한 경우는 매우 흔합니다). 규칙은 기본 조건입니다.

4.2 프레임워크에는 Getter/Setter 규칙 적용

```
class Astronaut {

    String name;
```

```
boolean retired;

Astronaut(String name) {
    this.name = name;
}

String getFullName() {
    return name;
}

void setFullName(String name) {
    this.name = name;
}

boolean getRetired() {
    return retired;
}

void setRetiredState(boolean retired) {
    this.retired = retired;
}
}
```

객체 지향 프로그래밍 언어에서는 외부에서 클래스 필드에 직접 접근하는 경우가 드뭅니다. 그 대신 접근을 제어할 게터와 세터 메서드를 작성합니다.

게터와 세터의 구조와 명명은 표준화가 잘 되어 있어 여러 프레임워크에서 대부분 따르고 있습니다. 하이버네이트(Hibernate)는 게터와 세터로 자바 인스턴스와 SQL 데이터베이스 내 행을 변환하고 잭슨(Jackson)은 JSON 메시지에 사용하고 심지어 플레이(Play) 프레임워크는 HTML 형식을 만드는 데 사용합니다. 그래서 게터와 세터만의 명세인 자바 빈(Java Bean) 명세도 따로 있습니다.* 당연히 자바 빈 규칙을 따르는 클래스를 호출하는데 이렇다보니 자연스럽게 자바를 커피에 비유하게 되었죠.

위 코드를 보세요. 각 필드마다 올바르게 명명된 게터와 세터가 있나요? 매개

---

* http://download.oracle.com/otndocs/jcp/7224-javabeans-1.01-fr-spec-oth-JSpec/

변수가 없는 생성자도 있나요? 가시성 수준은 적절한가요?

아니오. 그렇지 않습니다. 프레임워크에서 위 클래스의 인스턴스를 사용하면 이상한 사건들이 발생합니다. 예외를 던지는 프레임워크는 거의 없지만 조용히 실패하거나 원치 않는 방식으로 동작하죠.

그렇다면 어떻게 바꾸어야 위 클래스를 자바 빈으로 변경할 수 있을까요?

```java
class Astronaut {
    private String name;
    private boolean retired;

    public Astronaut() {
    }

    public Astronaut(String name) {
        this.name = name;
    }

    public String getName() {
        return name;
    }

    public void setName(String name) {
        this.name = name;
    }

    public boolean isRetired() {
        return retired;
    }

    public void setRetired(boolean retired) {
        this.retired = retired;
    }
}
```

코드를 여러 방법으로 고쳤습니다. 이제야 유효한 자바 빈 클래스가 되었습니다. 먼저 필드의 한정자를 private으로, 게터와 세터는 public으로 바꾸었습니다.* 이로써 프레임워크는 게터와 세터를 사용해야 하며 게터와 세터 없이 필드에 직접 접근할 수 없게 되었습니다.

다음으로 기본 생성자를 추가했습니다. 기본 생성자는 대부분의 프레임워크에 필요한데 기본 생성자로 클래스의 빈 인스턴스를 만든 후 설정할 때는 세터를 호출해 필드에 값을 할당합니다. 매개변수를 갖는 생성자를 추가하면 기본 생성자를 더 이상 쓸 수 없다는 특징 때문에 이 부분을 간과하기 쉽습니다.

마지막으로 필드명을 넣어 게터와 세터를 다시 명명했습니다. 필드명이 foo면 게터와 세터는 getFoo()와 setFoo()처럼 명명합니다. 다만 boolean 필드는 좀 다릅니다. 세터명은 그대로지만 게터는 질문하듯이 isFoo()라고 명명합니다. 안타깝게도 자바에서는 메서드명에 물음표를 넣을 수 없습니다.

한 가지만 더 언급하겠습니다. 코드를 반드시 자바 빈으로 작성해야 하는 것은 아니지만 반드시 자바 빈을 사용해야 하는 자바 프레임워크도 있습니다.

4.3 한 글자로 명명하지 않기

```
class Inventory {
    List<Supply> sl = new ArrayList<>();

    boolean isInStock(String n) {
        Supply s = new Supply(n);
        int l = 0;
        int h = sl.size() - 1;

        while (l <= h) {
            int m = l + (h - 1) / 2;
```

---

* 가능하면 이 책에서는 한정자를 쓰지 않지만 이번 절에서는 매우 중요합니다.

```
        int c = sl.get(m).compareTo(s);

        if (c < 0) {
            l = m + 1;
        } else if (c > 0) {
            h = m - 1;
        } else {
            return true;
        }
    }
    return false;
    }
}
```

어떤 코드 기반이든 이름이 한 글자인 변수가 있기 마련입니다. 빠르게 입력할 수 있고 어떤 IDE에서는 아직도 한 글자짜리 이름을 생성하니 꽤 흔한 일이죠. 하지만 그 덕분에 코드는 훨씬 읽기 어려워집니다. 단지 글자 하나로 의미를 얼마나 전달할 수 있겠어요?

위 코드를 봅시다. isInStock이라는 메서드가 들어 있는 Inventory 클래스입니다. 메서드 내 변수는 모두 n, l, h, m, c, s처럼 이름이 한 글자입니다.

메서드에서 어떤 역할을 하는지 알겠나요? 사실 흔한 이진 검색일 뿐입니다. 하지만 변수명 때문에 코드를 읽는 데 곤욕을 치릅니다.

한 글자 이름에는 이유가 있을 수 없습니다. 어떤 이론가는 그냥 그렇게 쓰고 싶다고 하지만 코드는 단순한 수학 이론이 아닙니다. 일반적으로 프로그래머는 코드를 하루에 수천 줄씩 읽습니다. 변수명이 계속 반복되고 코드 맥락에 어긋나면 읽기 점점 어려워집니다. 그래서 변수명에 의미를 불어넣어야 하고 그것은 한 글자로는 불가능합니다.

여담이지만 위 코드는 소문자 l과 숫자 1을 동시에 사용합니다. 둘을 구분하기 어려운 글자체(font)가 무척 많습니다. 변수명으로 l자 하나만은 쓰지 마세요. 대문자 O와 숫자 0도 마찬가지입니다.

이제 변수명이 길어지면 어떻게 달라지는지 봅시다.

```
class Inventory {
    List<Supply> sortedList = new ArrayList<>();

    boolean isInStock(String name) {
        Supply supply = new Supply(name);
        int low = 0;
        int high = sortedList.size() - 1;

        while (low <= high) {
            int middle = low + (high - low) / 2;
            int comparison = sortedList.get(middle).compareTo(supply);

            if (comparison < 0) {
                low = middle + 1;
            } else if (comparison > 0) {
                high = middle - 1;
            } else {
                return true;
            }
        }
        return false;
    }
}
```

놀랍지 않나요? 전체 이름이 없었다면 아래 테이블을 머릿속에 무조건 기억해야 했습니다.

n	name	m	middle	sl	sortedList
l	low	c	comparison		
h	high	s	supply		

코드에 전체 이름을 넣으면 위 테이블을 외우지 않아도 됩니다. 게다가 부정적인 면도 전혀 없습니다. 이름이 길어 코드가 비효율적이 될까 걱정할 수도 있지만 그렇지 않습니다. 어차피 컴파일러는 컴파일 타임에 이름을 대체하는데 바이트코드로는 전체 이름과 한 글자 이름에 차이가 없습니다. 다만 바이트코드는 사람이 아닌 기계가 읽을 뿐입니다.

앞에서 언급했듯이 위 코드는 이진 검색을 사용합니다. 즉, **3.5 구현 결정 설명하기**(090쪽)나 **2.8 직접 만들지 말고 자바 API 사용하기**(074쪽) 등으로 더 향상시킬 수 있다는 뜻이죠. **2.1 매직 넘버를 상수로 대체**(057쪽)할 수도 있고요.

4.4 축약 쓰지 않기

```java
class Logbook {
    static final Path DIR = Paths.get("/var/log");
    static final Path CSV = DIR.resolve("stats.csv");
    static final String GLOB = "*.log";

    void createStats() throws IOException {
        try (DirectoryStream<Path> dirStr =
                    Files.newDirectoryStream(DIR, GLOB);
            BufferedWriter bufW = Files.newBufferedWriter(CSV)) {
            for (Path lFile : dirStr) {
                String csvLn = String.format("%s,%d,%s",
                        lFile,
                        Files.size(lFile),
                        Files.getLastModifiedTime(lFile));
                bufW.write(csvLn);
                bufW.newLine();
            }
        }
    }
}
```

축약은 한 글자 이름보다 한 단계 진일보한 형태로 세상에는 ASAP, FYI, TGIF, AFK, NASA, FBI, CYA, NYPD와 같은 무수한 축약어가 있습니다. 코드에 자신만의 축약어를 만들려는 프로그래머도 매우 많죠. 그 축약을 아는 사람은 자신 뿐이고 다른 사람은 모두 새로 배워야 하는 것이 뻔한데도 말이죠. 게다가 배우려면 시간이 걸립니다. 그러니 코드를 더 빨리 이해하고 짜증도 덜 나려면 축약은 절대로 쓰지 않는 것이 낫습니다.

위 코드에는 DIR, CSV, GLOB, dirStr, bufW, lFile, csvLn 등 축약어가 많습니다. 의미를 바로 알겠나요? 누군가는 이해하겠지만 모두 그렇지는 않을 거예요.

맥락을 모르면 bufW나 dirStr의 뜻을 알기 어렵습니다. 변수 타입인 BufferedWriter와 DirectoryStream을 함께 보면 더 명확해지지만 쓸데없이 어렵긴 마찬가지입니다.

게다가 GLOB은 도대체 무엇의 약자일까요? 원래 GLOB은 유닉스 환경에서 파일 경로 집합을 참조하는 기본 방식인데 위 코드도 자바 파일을 *.java로 찾듯이 관련 파일을 찾기 위해 작성되었습니다. 하지만 이러한 지식을 사전에 알고 있어야 하죠.

lFile이나 csvLn처럼 변수를 부분적으로 축약하기도 합니다. 이럴 때는 내면의 셜록 홈즈를 소환해 l이나 Ln의 뜻을 물어보아야 하죠.

그러면 축약을 어떻게 바꾸어야 할까요?

```
class Logbook {
    static final Path LOG_FOLDER = Paths.get("/var/log");
    static final Path STATISTICS_CSV = DIR.resolve("stats.csv");
    static final String FILE_FILTER = "*.log";

    void createStatistics() throws IOException {
        try (DirectoryStream<Path> logs =
                Files.newDirectoryStream(LOG_FOLDER, FILE_FILTER);
            BufferedWriter writer = Files.newBufferedWriter(STATISTICS_CSV)) {
            for (Path log : logs) {
                String csvLine = String.format("%s,%d,%s",
                        log,
                        Files.size(log),
                        Files.getLastModifiedTime(log));
                writer.write(csvLine);
                writer.newLine();
            }
```

```
        }
    }
}
```

규칙은 지극히 당연합니다. 흔히 쓰이는 축약만 사용하고 그 외에는 전체 이름을 사용하세요.

위 코드를 보세요. 이해하기 훨씬 쉽고 이상한 변수명도 보이지 않습니다.

먼저 DIR, CSV, GLOB 필드를 LOG_FOLDER, STATISTICS_CSV, FILE_FILTER로 바꾸었습니다. 코드에서 누구나 알 만한 축약이라곤 CSV(comma-separated values)뿐입니다. CSV는 그대로 두되 맥락만 약간 추가했습니다. 축약어인 DIR와 GLOB은 축약하지 않은 간결한 이름으로 바꾸었습니다. GLOB보다 FILE_FILTER가 변수의 의도를 훨씬 더 잘 전달하죠.

축약어 전체를 항상 풀어 써야 하는 것은 아닙니다. bufW의 경우, 전체 이름은 bufferedWriter일텐데요. 목적을 잘 보여주는 두 번째 단어인 writer만 썼습니다. 버퍼를 사용한다는 사실은 별로 중요하지 않죠. dirStr의 경우, 짧은 이름인 logs가 전체 이름인 directoryStream보다 훨씬 유익합니다.

마지막으로 csvLn을 csvLine으로 바꾸었습니다. (CSV 파일 내) 한 줄을 포함한다는 뜻이니 그냥 line으로 바꾸어도 상관없겠죠?

요약하면 가능하면 축약은 피하고 **매우** 일반적인 경우에만 사용하세요. 확신이 **없으면 풀어 쓰세요!**

4.5 무의미한 용어 쓰지 않기

```
class MainSpaceShipManager {
    AbstractRocketPropulsionEngine abstractRocketPropulsionEngine;
    INavigationController navigationController;
    boolean turboEnabledFlag;

    void navigateSpaceShipTo(PlanetInfo planetInfo) {
        RouteData data = navigationController.calculateRouteData(planetInfo);
        LogHelper.logRouteData(data);
        abstractRocketPropulsionEngine.invokeTask(data, turboEnabledFlag);
    }
}
```

훌륭한 명명이란 단순히 짧았던 이름을 풀어 쓰고 이름을 더 길게 만드는 것이 아닙니다. 때로는 긴 이름도 부담스럽죠. 어떤 용어는 아무 의미도 없는데 프로그래머가 빈번히 쓰기도 합니다.

위 코드를 보세요. **4.4 축약 쓰지 않기(117쪽)**에서처럼 축약 없이 이름을 모두 풀어 썼지만 그렇다고 명명이 훌륭하지는 않습니다. 삭제해도 되는 무의미한 단어가 여러 개 보입니다. 실제 생산 코드에서도 이와 비슷한 이름을 수없이 보았습니다.

어떤 단어가 의미는 전혀 전달하지 않으면서 글자 수만 늘리고 있나요? 이해도를 떨어뜨리지 않으면서 제거할 수 있는 부분은 어디인가요?

"main", "manager", "data", "info", "flag"처럼 자주 쓰이는 무의미한 용어를 low-hanging fruits(가장 쉽게 해결할 수 있는 방법)라고 부릅니다. 찾기 쉽거든요. 반면, "abstract"라는 용어나 "invoke"라는 메서드, 메서드명에 들어 있는 매개변수 타입은 어떤가요? 의미가 있나요? 글쎄요.

그렇다면 의도했던 의미는 그대로 전달하면서 어느 부분을 뺄 수 있을까요?

```
class spaceShip {
    Engine engine;
    Navigator navigatonr;
    boolean turboEnabled;

    void navigateTo(Planet destination) {
        Route route = navigator.calculateRouteTo(destination);
        Logger.log(route);
        engine.follow(route, turboEnabled);
    }
}
```

생각보다 많이 제거했습니다. 코드를 비교해보면 문자가 100개 이상 빠졌죠(전체 코드의 약 1/4). 읽고 생각할 양이 훨씬 줄었습니다. 나쁘지 않네요! 하나씩 살펴봅시다.

먼저 전형적인 무의미한 용어인 "data", "info", "flag" 같은 용어를 제거했습니다. 이러한 용어들은 코드에서 거의 의미가 없습니다.

또한 타입명을 읽을 때 enum인지 클래스인지 인터페이스인지 추상 클래스인지에 관심을 두지 않습니다. 이미 타입 자체에 명시되어 있으니까요. 그러니 클래스명에 붙은 "abstract"나 "impl", 인터페이스명에 붙은 접두사 "I"도 불필요합니다.

클래스명을 보면 멤버에 대한 맥락을 파악할 수 있을 뿐만 아니라 매우 많은 정보를 미리 전달받습니다. 클래스명이 "SpaceShip"이니 "rocket"과 같은 도메인 지정자는 빼도 됩니다. 마찬가지로 logRouteDate()처럼 매개변수 종류를 메서드명에서 반복하는 경우도 제거하고 log()로 바꿉니다. 매개변수 route가 어떤 데이터를 로깅하는지 알려주니 메서드명에서 반복하지 않아도 됩니다.

메서드명에 포함된 "invoke", "call", "do" 같은 동사도 거의 의미가 없습니다. 그 대신 더 간결하고 의미 있는 동사를 찾아야 합니다. 마지막으로 종종 패키지명에도 무의미한 단어가 등장합니다. misc, other, util 같은 단어를 조심하세요.

앞에서 언급했던 용어에 주의하고 혹시 쓰고 싶더라도 반드시 한 번 더 생각해 보길 바랍니다. 용어가 실제로 어떤 의미를 띠는지 아닌지는 구체적인 맥락에 따라 다릅니다. 프레임워크에서도 쉽게 결정하지 못 합니다. Spring 프레임워크에는 유명한 클래스명이 하나 있습니다. **장미는 붉고 잎사귀는 푸른데 유독 자바에만 AbstractSingletonProxyFactoryBean 클래스가 있다.**[*]

4.6 도메인 용어 사용하기

```
class Person {
    String lastName;
    String role;
    int travels;
    LocalDate employedSince;

    String serializeAsLine() {
        return String.join(",",
```

---

[*] http://www.bash.org/?962108

```
        Arrays.asList(lastName,
                role,
                String.valueOf(travels),
                String.valueOf(employedSince))
        );
    }
}
```

개발 중인 대부분의 코드는 특정 도메인에 속하고 도메인마다 각기 어휘가 있습니다. 스포츠에 비유하면 각양각색의 공을 놓고 힘차게 내던지거나(hurling) 던지거나(throwing) 차거나(kicking) 구부리거나(bending) 밀어 넣는(dunking) 등 종목에 따라 도메인별로 명칭이 다릅니다. 프로그램에 해당하는 도메인 용어를 코드에 많이 넣을수록 코드는 점점 나아집니다.

위 코드는 어떤 사람의 성씨와 직무, 출장 횟수, 고용일을 나타내는 클래스입니다. 클래스가 매우 포괄적이어서 고용 데이터가 저장된 시스템이라면 대부분 비슷한 내용이 있을 것입니다. 코드에서 오직 저 속성만 쓰는 이유가 궁금하지 않나요? 이름 말고 왜 성만 고려할까요? 출장 횟수는 왜 기록할까요?

serializeAsLine()이라는 메서드명도 매우 포괄적입니다. 이름만으로는 어떤 사람의 필드들을 모아 줄바꿈없이 한 문자열로 직렬화한다는 것만 알 수 있을 뿐입니다. 그 형식에 대해서는 잘 모릅니다.

> ▶ 이름은 모두 똑같이 중요할까요?
>
> 물론 좋은 이름이 중요하지만 짧게 대답하면 "아니오"입니다. 경험상 이름의 범위가 클수록 중요성도 커집니다. 이유는 간단합니다. 클래스나 패키지처럼 범위가 넓은 이름은 메서드 내 변수 같은, 범위가 좁은 이름보다 훨씬 많이 읽힙니다. 그래서 더 중요한 이름에 더 많은 노력을 쏟아야 하죠.

도메인에 맞게 명명하면 코드 가독성이 얼마나 향상되는지 봅시다.

```
class Astronaut {
    String tagName;
```

```
    String rank;
    int missions;
    LocalDate activeDutySince;

    String toCSV() {
        return String.join(",",
                Arrays.asList(tagName,
                    rank,
                    String.valueOf(missions),
                    String.valueOf(activeDutySince))
        );
    }
}
```

이 책에서는 화성 탐사 작전에서 영감을 받은 도메인을 가정해 코드 예제를 만들었고 이름을 모두 이 도메인에 맞게 지었습니다. 이로써 코드가 자연스럽게 훨씬 명확해졌습니다.

맥락을 고려하니 다양한 속성의 의미를 이해하기 훨씬 쉽습니다. 무엇보다 그냥 Person이 아닌 Astronaut에 대한 데이터를 저장하고 싶었는데 이것은 클래스명만 보아도 확실히 알 수 있습니다. 물론 우주비행사도 인간이지만 사실 우주비행사와 관련된 측면에만 관심이 있습니다. 이러한 맥락에서 lastname은 우주비행사가 착용할 이름표에 적기 위한 것이고 role이란 실제로 그녀가 속한 rank를 뜻하며 travels는 우주에서 수행한 missions 횟수를 뜻한다는 것이 훨씬 명확해졌습니다. 마찬가지로 employedSince는 사실 activeDutySince를 뜻하고요.

하지만 화성 탐사 작전만 클래스의 유일한 도메인인 것은 아닙니다. 코드는 기술적 개념도 다루므로 항상 암묵적으로 서로 다른 용어 집합을 갖는 기술적 도메인에도 속합니다. 그래서 serializeAsLine() 메서드를 toCSV()로 바꾸었습니다. 우주비행사를 직렬화해 표현한 결과, 형식은 결국 한 줄짜리 쉼표로 구분된 값일테니까요. 이로써 대부분의 프로그래머가 메서드의 의도를 더 확실히 알게 되었습니다. CSV는 **4.4 축약 쓰지 않기(117쪽)**에서 보았듯이 프로그래밍 도메인에서 매우 흔한 용어거든요.

요약하면 가능하면 코드 내 이름은 해당 도메인에 맞게 짓고 포괄적인 명칭은 피하세요.

4.7 / 4장에서 배운 내용

명명은 개발자가 흔히 마주치는 가장 어려운 작업 중 하나입니다. 이름이 형편 없어도 코드는 컴파일되지만(즉 형편없는 이름을 찾아내는 컴파일러는 없지만) 코드는 읽고 이해하기 훨씬 어려워집니다. 게다가 코드 유지보수는 정말 악몽 이 되겠죠.

그래서 명명 관련 장을 별도로 할애했습니다. 훌륭한 명명은 앞의 다른 비교에 서 보았던 문제들보다 덜 명확하고 잘 정의하기도 어렵습니다. 경험에 비추어 보면 완벽한 명명은 불가능합니다. 도메인 용어와 친숙해지는 데 시간만 더 투 자한다면 전에 작성했던 코드를 다시 들추어 보았을 때 더 낫게 명명할 수 있는 부분을 분명히 찾아낼 거예요. 더 나은 이름이 떠오를 때까지 항상 리팩터링하 세요.

명명은 규칙이 반입니다. 아무리 좋은 이름도 자바 규칙을 어기면 소용없습니 다. 특히 게터와 세터 명명은 반드시 규칙을 따라야 하는데 제멋대로 명명했다 가 어떤 프레임워크에서는 컴파일이나 런타임 오류가 발생할 수도 있는 유일한 부분이기 때문이죠. 규칙만 지켜야 하는 것이 아니라 이름이 너무 짧아도(한 글 자나 축약에 주의) 너무 길어도(무의미한 용어로 가득 채우는) 안 되는데 적절 한 수준을 맞추기가 무척 어렵습니다. 현재 작성 중인 코드의 도메인을 고려해 명명하는 것이 항상 가장 안전하고 확실합니다.

5장에서는 코드 이해도에는 영향을 미치지 않지만 기능적 정확성에 영향을 미 치는 예외 처리 주제로 다시 돌아가겠습니다. 어떤 종류의 프로그램을 작성하든 예측하지 못한 상황이 발생할 수 있으니 항상 대비해야 합니다. 하지만 예외 처리가 일반적인 제어 흐름을 깨뜨리므로 감지하기 어려운 버그가 발생하거나 이해하기 어렵게 구현할 가능성이 큽니다. 그것을 피할 몇 가지 비결과 요령을 소개하겠습니다.

5^장

문제 발생에
대비하기

오류가 없는 프로그램을 작성하는 두 가지 방법이 있는데 사실 세 번째 방법만
통한다.

― 앨런 J. 펄리스

혹시 차가 있나요? 보험은 들었나요? 아니라면 지금 당장 보험 계약을 하세요. 비용이 꽤 들 것이고 별 탈 없이 수천 킬로미터를 운전하겠죠. 하지만 인생이 바뀌는 불행은 찰나에 옵니다. 그래서 매우 값비싼 것(차, 집)과 매우 소중한 것(바로 건강!)을 지키는 안전망으로 보험이 필요합니다.

코드도 비슷합니다. 프로그램은 대부분 문제없이 실행되고 행복한 길(예외나 잘못된 조건이 전혀 없는 기본 제어 흐름 경로)을 걷습니다. 하지만 일은 틀어질 수 있으며 결국 틀어집니다. 그에 대비한 안전망이 필요합니다. 준비하지 않으면 프로그램이 충돌하거나 잘못된 데이터를 만드는 피해가 발생합니다. 무엇보다 최악은 아무 일도 없었던 것처럼 계속 실행되는 경우입니다. 뒤늦게서야 손상을 발견할 텐데 이미 그때는 잘못을 찾아내기 힘듭니다(그때쯤에는 당연히 모든 데이터가 망가져 있겠죠).

버그가 전혀 없는 프로그램도(물론 그럴 리 없지만) 오류에 대비해 보험에 들어야 합니다. 제어할 수 없는 상황이 항상 있기 때문이죠. 예를 들어 망가진 파일 시스템에서 사용자가 파일을 읽으려고 할 수도 있습니다. 또는 프로그램이 실행 중인 장비에서 네트워크 연결이 끊겨 있을 수도 있고요. 원격 호스트에서 악의적인 메시지를 받을 수도 있습니다.

자바에서 프로그램에 드는 보험이 바로 예외를 잡고 던지는 예외 처리입니다. 5장에서는 몇 가지 비교를 통해 예외 처리와 관련해 지켜야 할 규칙을 보여드리겠습니다. 오류 관련 정보를 최대한 모으면서 (예외로 인해 프로그램 흐름이 깨지지 않도록) **5.1 빠른 실패(129쪽)**를 하는 방법과 예외를 명시적으로 넘기는 방법을 배우겠습니다. 예외를 처리할 때 프로그램은 일반적인 실행 경로에 그대로 남습니다. 따라서 부족한 자원을 **항상** 닫아야 합니다. '유비무환' 아시죠? 이제 시작해봅시다.

5.1 빠른 실패

```java
class CruiseControl {
    static final double SPEED_OF_LIGHT_KMH = 1079252850;
    static final double SPEED_LIMIT = SPEED_OF_LIGHT_KMH;

    private double targetSpeedKmh;

    void setTargetSpeedKmh(double speedKmh) {
        if (speedKmh < 0) {
            throw new IllegalArgumentException();
        } else if (speedKmh <= SPEED_LIMIT) {
            targetSpeedKmh = speedKmh;
        } else {
            throw new IllegalArgumentException();
        }
    }
}
```

setTargetSpeedKmh() 메서드를 살펴봅시다. 분기 세 개가 딸린 if 조건문에서 분명히 예외 처리를 하고 있습니다. 하지만 이렇게 구성한 이유를 곧바로 알겠나요? 아마도 아닐 거예요.

이 메서드의 정상적인 제어 흐름 경로가 눈에 잘 들어오지 않습니다. 분기 세 개 중 두 번째가 정상적인 제어 흐름인데 앞뒤로 두 개의 예외 처리 분기에 둘러싸여 있어서 그렇습니다. 우리의 관심은 가장 자주 실행되고 실제로 기능이 동작하는 정상적인 제어 흐름 경로입니다. 위 코드를 보는 개발자는 매개변수 검증 사이에서 정상적인 실행 경로를 찾느라 소중한 시간을 낭비해야 합니다.

분기를 순서대로 읽다 보면 마지막 분기가 가장 큰 골칫거리입니다. 첫 분기는 검증, 두 번째는 일반적인 경로인데요. 이 시점에서 사용자는 메서드가 어떻게 동작하고 어떤 매개변수를 허용하는지 모두 안다고 생각하죠. 하지만 갑자기 새로 검증하는 마지막 분기가 나옵니다. 머릿속에서 생각을 뒤로 돌려 매개변수 검증을 다시 이해해야 하죠. 너무나 불필요한 정신적 에너지 낭비입니다.

코드를 이해할 때 불필요한 요소가 또 있습니다. 조건 분기가 서로 연결되어 있다보니 모든 조건을 함께 이해해야 합니다. 첫 번째 분기 조건인 speedKmh <= 0은 쉽지만 나머지 두 분기에서 점점 복잡해집니다. 두 번째와 세 번재 분기의 조건은 정확히 무엇인가요? 정답은 !(speedKmh <= 0) && speedKmh <= SPEED_LIMIT와 !(!(speedKmh <= 0) && speedKmh <= SPEED_LIMIT입니다. 자바 가상 머신(JVM)에게는 무척 쉽지만 인간에게는 그렇지 않습니다.

그러면 어떡해야 위 코드를 더 읽기 쉽게 바꿀 수 있을까요? **5.1 빠른 실패(129쪽)**를 써보겠습니다.

```
class CruiseControl {
    static final double SPEED_OF_LIGHT_KMH = 1079252850;
    static final double SPEED_LIMIT = SPEED_OF_LIGHT_KMH;

    private double targetSpeedKmh;

    void setTargetSpeedKmh(double speedKmh) {
        if (speedKmh < 0 || speedKmh > SPEED_LIMIT) {
            throw new IllegalArgumentException();
        }
        targetSpeedKmh = speedKmh;
    }
}
```

매개변수 검증과 일반적인 경로를 분리하고 나머지 두 조건을 합쳐 메서드 상단에 두었습니다. 조건 중 하나가 참이면 메서드를 바로 반환하고 IllegalArgumentException을 던집니다. 다시 말해 메서드가 **빠르게 실패합니다.**

5.1 빠른 실패(129쪽)를 쓰면 메서드 전체를 읽고 이해하기가 더 쉽습니다! 덩달아 일반적인 경로를 한 단계 더 들여쓰기하지 않아도 됩니다.

검증 블록을 클럽 보안 요원으로, 일반적인 경로 블록을 무대라고 생각해보세요. 보안 요원은 미성년자가 클럽에 들어오지 못하게 막습니다. 보안 요원이 제역할을 할 거라고 믿으면 무대에서 재확인하지 않아도 되죠. 즉 모든 검증 조건을 다시 상기할 필요 없이 일반적인 경로에 집중할 수 있습니다.

게다가 위 코드에는 빈 줄을 사용해 두 부분으로 나뉜 구조가 바로 보입니다. 첫 번째는 매개변수 검증이고 그 다음은 일반적인 메서드 경로입니다. 즉 메서드에서 가장 중요한 부분인 일반적인 경로로 바로 넘어갈 수 있고 전체 검증 로직을 미리 읽지 않아도 됩니다.

메서드 구조가 꽤 나아졌지만 더 개선할 수 있습니다. **5.3 메시지로 원인 설명(134 쪽)**과 불 표현식 단순화를 적용한다면요. 반드시 직접 해보세요!

5.2 항상 가장 구체적인 예외 잡기

```java
class TransmissionParser {
    static Transmission parse(String rawMessage) {
        if (rawMessage != null
                && rawMessage.length() != Transmission.MESSAGE_LENGTH) {
            throw new IllegalArgumentException("Bad message received!");
        }

        String rawId = rawMessage.substring(0, Transmission.ID_LENGTH);
        String rawContent = rawMessage.substring(Transmission.ID_LENGTH);
        try {
            int id = Integer.parseInt(rawId);
            String content = rawContent.trim();
            return new Transmission(id, content);
        } catch (Exception e) {
            throw new IllegalArgumentException("Bad message received!");
        }
    }
}
```

자바의 예외는 비교적 복잡한 타입 계층 구조를 띕니다. 예외를 잡으려면 항상 가장 구체적인 예외 타입을 잡아야 합니다. 일반적인 타입을 잡으면 잡아선 안 될 오류까지 잡힐 위험이 있습니다.

위 코드는 String 타입 메시지를 파싱해 id와 content 부분으로 나눕니다. 문제는 catch문에 있습니다. 어떤 Exception 타입이든 잡아내죠.

Exception은 자바에서 가장 일반적인 예외 유형입니다. 더 일반적인 예외는 Exception의 상위(super) 타입인 Throwable(catch와 throw 비유에서 생긴 단어) 뿐입니다. Throwable을 잡으면 OutOfMemoryError와 같은 가상 머신 내 오류까지 잡힐 수 있습니다. 그렇게 하지 마세요!

대부분 초보자는 매우 일반적인 타입을 잡으려고 합니다. 명령문 하나만으로 모든 실제 오류 유형을 잡을 수 있으니까요.

하지만 겉으로만 괜찮아 보일 뿐이에요. NullPointerException처럼 잡고 싶지 않은 예외 유형까지 잡히거든요. 그러한 예외 중 99%는 반드시 수정해야 할 코드 내 버그입니다. 문제를 알려면 프로그램이 충돌해야 하고요.

예외를 잡아 버그를 숨겼다고 해서 버그를 고쳤다고 할 수는 없습니다. 때가 되면 더 불편한 시점에 프로그램을 실패시키거든요.

그렇다면 예제에서는 어떤 예외 유형을 잡아야 할까요?

```
class TransmissionParser {
    static Transmission parse(String rawMessage) {
        if (rawMessage != null
                && rawMessage.length() != Transmission.MESSAGE_LENGTH) {
            throw new IllegalArgumentException("Bad message received!");
        }

        String rawId = rawMessage.substring(0, Transmission.ID_LENGTH);
        String rawContent = rawMessage.substring(Transmission.ID_LENGTH);
        try {
            int id = Integer.parseInt(rawId);
            String content = rawContent.trim();
            return new Transmission(id, content);
```

```
        } catch (NumberFormatException e) {
            throw new IllegalArgumentException("Bad message received!");
        }
    }
}
```

방법은 매우 간단합니다. Exception 대신 try 내 코드에서 던질 만한 가장 구체적인 예외를 잡으면 됩니다.

예제에서 처리해야 할 구체적인 예외 유형은 NumberFormatException 하나 뿐입니다. rawId에 Integer 클래스가 정숫값으로 변환할 수 없는 값이 들어 있을 때 Integer.parseInt(rawId)가 던집니다. 기본적으로 숫자가 아닌 모든 문자에서 발생하죠.

그러니 Exception을 NumberFormatException으로 바꾸기만 하면 됩니다. 그러면 코드는 NullPointerException과 같은, 받아선 안 될 오류를 더 이상 받지 않습니다.

가장 구체적인 예외를 잡기 위해 여러 예외를 잡아야 할 수도 있습니다. catch 블록을 하나가 아닌 여러 개 작성해야 한다는 뜻이죠. 하지만 코드가 늘어난다고 해서 일반적인 예외 유형을 잡는 것이 낫다고 생각하지는 마세요! 그래도 버그가 적은 긴 코드가 버그가 많은 짧은 코드보다 나으니까요.

예외를 모두 똑같이 처리한다고 가정하면 더 편리하게 여러 개의 catch 블록을 처리할 수 있습니다. 자바 7부터 다중 캐치 블록이 생겼거든요. NumberFormatException과 IOException을 같은 방식으로 처리한다고 가정해봅시다. catch(NumberFormatException | IOException)만 작성하고 캐치 블록 두 개를 하나로 합치면 됩니다. 어떤 방법으로 캐치 블록을 조직하든 가장 구체적인 예외만 잡는 것이 중요합니다.*

---

* 물론 가장 구체적인 예외가 실제로 Exception이라면 Exception을 잡아도 괜찮습니다. 하지만 그러한 경우는 매우 드뭅니다.

5.3 메시지로 원인 설명

```java
class TransmissionParser {
    static Transmission parse(String rawMessage) {
        if (rawMessage != null
                && rawMessage.length() != Transmission.MESSAGE_LENGTH) {
            throw new IllegalArgumentException();
        }

        String rawId = rawMessage.substring(0, Transmission.ID_LENGTH);
        String rawContent = rawMessage.substring(Transmission.ID_LENGTH);
        try {
            int id = Integer.parseInt(rawId);
            String content = rawContent.trim();
            return new Transmission(id, content);
        } catch (NumberFormatException e) {
            throw new IllegalArgumentException("Bad message received!");
        }
    }
}
```

예외 처리는 예외를 잡는 것뿐만 아니라 던지는 것까지 포함합니다. 예외를 던질 때는 타입 규칙을 지켜야 예외를 더 쉽게 처리할 수 있습니다.

예외 타입만 보아도 무엇이 잘못되었는지 보입니다. 메서드에 잘못된 매개변수가 들어가면 IllegalArgumentException이 발생하고 존재하지 않는 파일을 읽으면 FileNotFoundException이 발생하는 것처럼요. 하지만 타입에는 전후 맥락이 없으므로 정보가 부족합니다. 어떤 매개변수가 잘못되었고 왜 그런가요? 파일 시스템에서 어떤 파일을 사용할 수 없나요?

고칠 수 있는 버그는 다시 재현할 수 있는 버그 뿐입니다. 그렇지 않으면 정말 고쳤는지 아닌지 알 수 없으니까요. 일반적으로 예외 스택 추적을 기반으로 근본 원인을 찾을 때까지 코드를 거슬러 올라가며 추적합니다. 예외 자체로 자세한 맥락을 알 수 있다면 추적하기 훨씬 쉽겠죠.

하지만 위 코드에서 던지는 예외는 맥락이 부족합니다. 첫 번째 Illegal
ArgumentException은 기본 생성자로 생성하고 아무 맥락도 제공하지 않습니
다. 두 번째 IllegalArgumentException은 생성자에 메시지를 입력으로 넣지만
실제로 도움이 되지는 않습니다. 안타깝게도 이러한 메시지 유형은 너무 보편
적입니다. 좀 더 생각해봅시다.

예외 message에 맥락을 어떻게 넣어야 할까요?

```java
class TransmissionParser {
    static Transmission parse(String rawMessage) {
        if (rawMessage != null
                && rawMessage.length() != Transmission.MESSAGE_LENGTH) {
            throw new IllegalArgumentException(
                String.format("Expected %d, but got %d characters in '%s'",
                    Transmission.MESSAGE_LENGTH, rawMessage.length(),
                    rawMessage));
        }

        String rawId = rawMessage.substring(0, Transmission.ID_LENGTH);
        String rawContent = rawMessage.substring(Transmission.ID_LENGTH);
        try {
            int id = Integer.parseInt(rawId);
            String content = rawContent.trim();
            return new Transmission(id, content);
        } catch (NumberFormatException e) {
            throw new IllegalArgumentException(
                String.format("Expected number, but got '%s' in '%s'",
                        rawId, rawMessage));
        }
    }
}
```

정보를 누락하거나 쓸모없는 정보를 제공하는 대신 바라는 것, 받은 것, 전체
맥락 세 가지를 골고루 제공하고 있습니다. 개발자는 이와 같은 자세한 정보로
예외의 근본적인 원인을 훨씬 더 빨리 추적합니다.

또한 예외를 일으킨 상황을 더 쉽게 재현할 수 있습니다. 더 큰 장점은 세 가지 정보를 테스트 케이스로 재사용할 수 있다는 점이죠. JUnit 테스트로 변환해 버그 픽스를 만들고 이후 회귀 테스트로 쓰면 됩니다. 테스트는 6장에서 다루 겠습니다.

예외 message를 보고 **2.7 이어붙이기 대신 서식화(072쪽)**에서 보았던 Expected [EXPECTED], but got [ACTUAL] in [CONTEXT] 형태의 템플릿을 사용했음을 눈치챘을 겁니다. 바라는 것(예: 문자 140개)과 받은 것(예: 문자 3개) 정보가 포함되었고 맥락(예: 메시지 "abc")도 제공합니다. Expected 140, but got 3 characters in message 'abc'처럼요. 물론 원한다면 어떤 포맷이든 쓸 수 있 습니다. 이러한 예외가 생산 과정에서 발생했을 때(분명히 발생합니다) 이 포맷 이 매우 유용했습니다.

하지만 아직 끝이 아닙니다. 예외를 직접 처리할 수 없을 때도 있는데요. 다시 던지거나 더 일반적인 예외 유형으로 변환해야 합니다. 이럴 때 이어서 비교할 **5.4 원인 사슬 깨지 않기(136쪽)**에서 설명할 위험에 빠지지 않도록 주의하세요.

5.4 / 원인 사슬 깨지 않기

```java
class TransmissionParser {
    static Transmission parse(String rawMessage) {
        if (rawMessage != null
                && rawMessage.length() != Transmission.MESSAGE_LENGTH) {
            throw new IllegalArgumentException(
                String.format("Expected %d, but got %d characters in '%s'",
                    Transmission.MESSAGE_LENGTH, rawMessage.length(),
                    rawMessage));
        }
```

```
    String rawId = rawMessage.substring(0, Transmission.ID_LENGTH);
    String rawContent = rawMessage.substring(Transmission.ID_LENGTH);
    try {
        int id = Integer.parseInt(rawId);
        String content = rawContent.trim();
        return new Transmission(id, content);
    } catch (NumberFormatException e) {
        throw new IllegalArgumentException(
            String.format("Expected number, but got '%s' in '%s'",
                rawId, rawMessage));
    }
  }
}
```

예외는 또 다른 예외를 발생시킬 수 있습니다. 예외를 잡았지만 처리할 수 없다면 반드시 다시 던져야 합니다. 예외에 버그가 있을 경우, 프로그램이 충돌할 때까지 전달될 수 있도록요. 오류를 제대로 처리했다면 원인 사슬, 즉 각 예외가 그 예외를 일으킨 예외와 연결된 리스트를 보여주는 스택 추적을 확인할 수 있습니다. 버그를 추적할 때 원인 사슬이 자세하면 엄청난 도움이 됩니다.

그래서 이 사슬이 끊기지 않도록 해야 합니다. 예를 들어 위 코드를 보세요. NumberFormatException을 잡고도 유용한 message와 함께 새 IllegalArgument Exception을 던집니다. 엄밀히 말해 예외 처리에 잘못은 없지만 원인 사슬이 깨집니다!

무엇이 문제일까요? 바로 원인인 NumberFormatException을 참조하지 않는 IllegalArgumentException입니다. 연결고리가 없으면 원인 사슬도 없습니다. IllegalArgumentException의 스택 추적을 아무리 살펴보아도 NumberFormat Exception에서 비롯되었는지 아니면 어떤 코드 줄에서 발생했는지 힌트가 없습니다. 유용한 정보를 너무 많이 잃었습니다. NumberFormatException에는 추상화 수준을 달리해 더 많은 정보와 맥락을 제공하는 message와 줄 번호가 포함된 NumberFormatException만의 스택 추적이 들어 있습니다.

그렇다면 원인 사슬을 깨지 않고 유지하는 방법은 무엇일까요?

```
class TransmissionParser {
    static Transmission parse(String rawMessage) {
        if (rawMessage != null
                && rawMessage.length() != Transmission.MESSAGE_LENGTH) {
            throw new IllegalArgumentException(
                String.format("Expected %d, but got %d characters in '%s'",
                        Transmission.MESSAGE_LENGTH, rawMessage.length(),
                        rawMessage));
        }

        String rawId = rawMessage.substring(0, Transmission.ID_LENGTH);
        String rawContent = rawMessage.substring(Transmission.ID_LENGTH);
        try {
            int id = Integer.parseInt(rawId);
            String content = rawContent.trim();
            return new Transmission(id, content);
        } catch (NumberFormatException e) {
            throw new IllegalArgumentException(
                String.format("Expected number, but got '%s' in '%s'",
                        rawId, rawMessage), e);
        }
    }
}
```

예외에는 다양한 생성자가 있고 그 중에는 원인으로 Throwable을 전달하는 생성자도 있습니다. Throwable을 전달함으로써 예외와 원인을 연관시키고 그로써 원인 사슬이 만들어지죠. Exception(String message, Throwable cause) 생성자를 사용하고 message도 함께 제공하길 바랍니다.

실제 코드에서는 다양한 형태로 원인 사슬이 깨집니다. 그 중 최악은 다음과 같습니다.

```
} catch (NumberFormatException e) {
    // 이런! 원인 사슬이 끊겼네요!
    throw new IllegalArgumentException(e.getCause());
}
```

언뜻 보면 괜찮아 보입니다. e.getCause()가 throw에 입력 매개변수로 들어가 원인 사슬을 형성하는데 문제는 한 가지 예외, NumberFormatException이 throw에서 빠짐으로써 **원인**만 연결되고 **예외 자체**가 연결되지 못 합니다. 차라리 원인 사슬이 없는 것이 낫습니다. 선택적으로 생략하다가 오해를 부를 수 있으니까요.

그러니 catch 블록에서 예외를 던질 때는 message와 잡았던 예외를 즉시 원인으로 전달하세요.

```
throw new IllegalArgumentException("Message", e);
```

5.5 변수로 원인 노출

```
class TransmissionParser {
    static Transmission parse(String rawMessage) {
        if (rawMessage != null
                && rawMessage.length() != Transmission.MESSAGE_LENGTH) {
            throw new IllegalArgumentException(
                String.format("Expected %d, but got %d characters in '%s'",
                    Transmission.MESSAGE_LENGTH, rawMessage.length(),
                    rawMessage));
        }

        String rawId = rawMessage.substring(0, Transmission.ID_LENGTH);
        String rawContent = rawMessage.substring(Transmission.ID_LENGTH);
        try {
            int id = Integer.parseInt(rawId);
            String content = rawContent.trim();
            return new Transmission(id, content);
        } catch (NumberFormatException e) {
            throw new IllegalArgumentException(
                String.format("Expected number, but got '%s' in '%s'",
```

```
                rawId, rawMessage), e);
        }
    }
}
```

예외가 단순히 표준 클래스가 아니라 필드와 메서드, 생성자를 가질 수 있는 클래스임을 가끔 잊곤 합니다. 이러한 구조를 사용해 기계가 읽을 수 있는 방식으로 예외의 원인을 나타낼 수도 있습니다.

위 코드에는 두 가지 문제가 있습니다. 중복 코드와 감추어진 정보입니다.

IllegalArgumentException의 message에 두 번이나 "in %s"라는 같은 방식으로 rawMessage를 넣으니 코드가 중복입니다. 향후 소프트웨어 규모가 커지면 일관성을 잃기 쉽습니다.

더 큰 문제는 감추어진 정보입니다. rawMessage를 예외 message에 인코딩했죠. 그렇다보니 나중에 예를 들어 소프트웨어의 최종 사용자에게 어떤 종류의 메시지가 오류를 일으켰는지 알리고 싶을 때 추출하기 어렵습니다. 더 이상 처리할 수 없도록 꼭꼭 감추어져 있습니다. 예외 message를 추가했는지 아닌지도 쉽게 잊을 수 있고요.

그러면 예외의 맥락을 어떻게 쉽게 조사할 수 있을까요?

```
class TransmissionParser {
    static Transmission parse(String rawMessage) {
        if (rawMessage != null
                && rawMessage.length() != Transmission.MESSAGE_LENGTH) {
            throw new MalformedMessageException(
                String.format("Expected %d, but got %d characters in '%s'",
                    Transmission.MESSAGE_LENGTH, rawMessage.length()),
                    rawMessage);
        }

        String rawId = rawMessage.substring(0, Transmission.ID_LENGTH);
        String rawContent = rawMessage.substring(Transmission.ID_LENGTH);
        try {
            int id = Integer.parseInt(rawId);
```

```
            String content = rawContent.trim();
            return new Transmission(id, content);
        } catch (NumberFormatException e) {
            throw new MalformedMessageException(
                String.format("Expected number, but got '%s'", rawId),
                rawMessage, e);
        }
    }
}
final class MalformedMessageException extends IllegalArgumentException {
    final String raw;

    MalformedMessageException(String message, String raw) {
        super(String.format("%s in '%s'", message, raw));
        this.raw = raw;
    }

    MalformedMessageException(String message, String raw, Throwable cause) {
        super(String.format("%s in '%s'", message, raw), cause);
        this.raw = raw;
    }
}
```

맞춤형 예외, 즉 그 예외만의 raw 메시지 필드가 들어간 MalformedMessage Exception을 정의하고 사용하면 됩니다. 향후 최종 사용자 정보를 자세히 알고 싶거나 예외를 더 철저히 처리하고 싶을 때 raw 필드를 쉽게 추출할 수 있습니다.

message는 메시지로 원인 설명에서 소개했던 템플릿을 그대로 고수하고 있습니다. 생성자는 raw 메시지를 덧붙일 뿐입니다. 이로써 예외 message가 일관되게 유지됩니다. 메시지 생성을 별도의 메서드로 추출하면 코드 중복도 제거되고요.

클래스와 그 필드를 final로 선언해 맞춤형 예외를 불변으로만 만들면 됩니다.

5.6 타입 변환 전에 항상 타입 검증하기

```java
class Network {

    ObjectInputStream inputStream;
    InterCom interCom;

    void listen() throws IOException, ClassNotFoundException {
        while (true) {
            Object signal = inputStream.readObject();
            CrewMessage crewMessage = (CrewMessage) signal;
            interCom.broadcast(crewMessage);
        }
    }
}
```

런타임에 동적 객체 타입을 처리해야 할 때가 있습니다. 동적 객체는 다양한 이유로 생기는데 전형적으로 직렬화된 자바 객체를 채널을 통해 주고받을 때 생깁니다. 프로그램에서 동적 객체를 사용하려면 명시적으로 어떤 타입으로든 변환(casting)해야 합니다. 적절히 변환하지 않으면 프로그램은 RuntimeException과 같은 예외를 일으키며 충돌할 수 있습니다.

위 코드는 InputStream의 readObject() 메서드를 호출해 메시지를 읽는 클래스를 보여줍니다. 이러한 스트림은 자바에서 매우 유연한 편에 속합니다. 파일이나 네트워크로부터도 입력을 읽을 수 있죠. 하지만 유연성을 약속하는 대신 정의된 타입 없이 플레인 Object로 제공합니다. 이것을 프로그램이 처리할 수 있는 타입으로 바꾸는 것은 오직 사용자의 책임입니다.

그렇게 하려면 원하는 타입으로 변환해야 합니다. 예제에서는 (CrewMessage)로 변환했습니다. 무사히 컴파일되고 스트림 내 객체 타입과 일치하면 순조롭게 실행됩니다.

하지만 스트림이 다른 타입을 반환하면 잔치는 끝납니다. 메서드는 스트림에 실제로 어떤 타입이 들어올지 제어할 수 없습니다. 스트림 반대편에 있는 누군가가 다른 메시지 타입을 삽입하면 예를 들어 ClassifiedMessage를 삽입하면 어떻게 될까요? 어떤 이유로든 언젠가는 분명히 CrewMessage가 아닌 객체가 들어올 겁니다. 그러면 메서드를 비롯해 아마도 프로그램 전체가 ClassCastException을 일으키며 충돌하겠죠.

이 예외를 잡을 수 있나요? 잡을 수 있더라도 하면 안 되는 이유는 전형적으로 수정 가능한 코드 내 버그를 알려주기 때문입니다. 그러니 잡는 대신 코드를 고쳐야 합니다.

다행히 변환 전에 타입 검증만 적절히 하면 됩니다.

```java
class Network {

    ObjectInputStream inputStream;
    InterCom interCom;

    void listen() throws IOException, ClassNotFoundException {
        while (true) {
            Object signal = inputStream.readObject();
            if (signal instanceof CrewMessage) {
                CrewMessage crewMessage = (CrewMessage) signal;
                interCom.broadcast(crewMessage);
            }
        }
    }
}
```

먼저 스트림으로부터 읽은 결과를 지역 변수인 signal에 저장합니다. 변수 타입이 Object이므로 타입 때문에 실패할 일은 없습니다. 비 원시 자바 타입은 모두 Object로부터 상속받으니까요.

다음으로 instanceof 연산자로 타입을 검증하고 signal을 읽습니다. 이 연산자는 signal을 CrewMessage 타입으로 변환할 수 있으면 true를, 그렇지 않으면 false를 반환합니다. 결국 참일 때만 명시적으로 변환할 수 있죠. 따라서 ClassCastException이 절대로 일어나지 않습니다. 문제 해결이네요!

코드 몇 줄이 늘어나도 자바에서 ClassCastException을 피할 방법은 없습니다. 여러 타입으로 된 집합, 예제로 치자면 다양한 타입으로 된 메시지를 받고 싶다면 instanceof로 차례대로 검증해야 합니다.

메서드 서명을 보면 자칫 ClassCastException과 혼동될 수 있는 다른 예외 타입이 나옵니다. ClassNotFoundException은 ObjectInputStream이 프로그램의 classpath에 없는 타입의 객체를 읽으려고 할 때 발생합니다. 그러니 타입 검증으로는 피할 수 없습니다. 일반적으로 실행 설정에서 뭔가 잘못되었다는 뜻이지만 반드시 코드에 버그가 있어서 발생하는 것은 아닙니다. ClassCastException처럼 생산 시에는 예외를 잡아 로깅해야 합니다. 개발 중에는 프로그램이 충돌하도록 놔두고 환경을 업데이트한 후 다시 시도하는 것이 좋습니다.

프로그램이 외부와 상호작용할 때는(예를 들어 스트림 사용 등) 항상 예상하지 못한 입력을 처리할 수 있도록 대비해야 합니다.

5.7 항상 자원 닫기

```
class Logbook {
    static final Path LOG_FOLDER = Paths.get("/var/log");
    static final String FILE_FILTER = "*.log";

    List<Path> getLogs() throws IOException {
        List<Path> result = new ArrayList<>();

        DirectoryStream<Path> directoryStream =
```

```
            Files.newDirectoryStream(LOG_FOLDER, FILE_FILTER);
        for (Path logFile : directoryStream) {
            result.add(logFile);
        }
        directoryStream.close();

        return result;
    }
}
```

프로그램에는 디스크 공간이나 데이터베이스, 네트워크 연결, CPU 스레드, RAM과 같은 시스템 자원이 필요합니다. 이러한 자원은 제한되어 있으므로 프로그램은 자원을 서로 공유해야 하죠. 한 프로그램이 자원을 해제하지 않고 계속 갖고 있으면 전체 환경이 망가질 수 있습니다. 더 자세한 설명은 아래 주석을 참고하세요.*

프로그래머라면 이러한 문제를 방지해야 합니다! 방법은 쉽습니다. 더 이상 자원이 필요없으면 바로 해제하면 됩니다. 하지만 항상 그렇듯 위험은 세부적인 요소(더 정확히 말하면 코드)에 도사리고 있습니다.(정작 중요한 것은 바로 눈에 띄지 않습니다.)

위 메서드를 보세요. 시스템 자원인 DirectoryStream을 사용하고 close() 메서드를 호출해 자원을 해제합니다. 모두 괜찮아 보입니다. 그런가요?

불행히도 그렇지 않습니다. 문제없이 실행되면 프로그램은 자원을 열고 사용하고 close() 메서드로 닫습니다. 하지만 프로그램이 자원을 연 후 close()로 자원을 해제하기 전에 자원을 사용하다가 예외가 발생한다면 어떻게 될까요? 예외로 인해 close()가 실행되지 않을 수 있습니다. 그러면 자원은 프로그램이 종료될 때까지 해제되지 못하겠죠.

이것을 '**자원 누출**(resource leak)'이라고 부릅니다. 나중에 프로그램이 같은 자원을 다시 요청하면 프로그램 자체에도 문제가 생깁니다. 오래 실행될 애플리케이션

---

* http://www.oracle.com/technetwork/articles/java/trywithresources-401775.html

이라면 절대로 그렇게 만들면 안 됩니다.

그렇다면 코드에서 사용했던 자원을 **항상** 어떻게 닫을 수 있을까요?

```
class Logbook {
    static final Path LOG_FOLDER = Paths.get("/var/log");
    static final String FILE_FILTER = "*.log";

    List<Path> getLogs() throws IOException {
        List<Path> result = new ArrayList<>();

        try (DirectoryStream<Path> directoryStream =
                    Files.newDirectoryStream(LOG_FOLDER, FILE_FILTER)) {
            for (Path logFile : directoryStream) {
                result.add(logFile);
            }
        }

        return result;
    }
}
```

자바 7부터는 **try-with-resources** 구문으로 자원을 안전하고 고상하게 닫을 수 있습니다. AutoCloseable 인터페이스를 구현한 클래스여야 동작하며 실제로 자바 API 내 자원 클래스는 모두 이렇게 하고 있습니다. try 뒤에 나오는 소괄호 안에서 자원을 열기만 하면 됩니다. 그러면 그 자원을 try 범위(scope) 내에서 쓸 수 있고 try 블록이 끝나면 무슨 일이 있어도 자바가 알아서 close() 호출을 처리합니다.

사실 try-with-resources는 단지 문법적으로 쓰기 편한 표현(syntactic sugar)입니다. 컴파일러가 아래처럼 확장합니다.

```
DirectoryStream<Path> resource =
        Files.newDirectoryStream(LOG_FOLDER, FILE_FILTER);
try {
    // 자원 사용
} finally {
```

```
    if (resource != null) {
        resource.close();
    }
}
```

try 전에 자원을 열고 실행이 순조로웠든 오류가 있었든 finally 블록에서 자원을 닫되 다음 줄에서 보듯이 null이 아닐 때만 닫음으로써 NullPointerException도 피합니다. 누가 보아도 try-with-resources만큼 고상하거나 간단하지는 않죠.

직접 자원 닫기를 구현할 수 있으니 사실 컴파일러는 없어도 됩니다. 자바 7 이전에는 모두 이렇게 했고요. 그래도 코드는 고상하게 두고 궂은 일은 컴파일러가 하게 놔둡시다.

5.8 항상 다수 자원 닫기

```
class Logbook {
    static final Path LOG_FOLDER = Paths.get("/var/log");
    static final Path STATISTICS_CSV = LOG_FOLDER.resolve("stats.csv");
    static final String FILE_FILTER = "*.log";

    void createStatistics() throws IOException {
        DirectoryStream<Path> directoryStream =
                Files.newDirectoryStream(LOG_FOLDER, FILE_FILTER);
        BufferedWriter writer =
                Files.newBufferedWriter(STATISTICS_CSV);

        try {
            for (Path logFile : directoryStream) {
                final String csvLine = String.format("%s,%d,%s",
                        logFile,
```

```
                Files.size(logFile),
                Files.getLastModifiedTime(logFile));
            writer.write(csvLine);
            writer.newLine();
        }
    } finally {
        directoryStream.close();
        writer.close();
    }
    }
}
```

앞에서 보았듯이 올바르게 자원 닫기는 프로그램 안정성에 매우 중요합니다. 여러 자원을 동시에 사용하면 자원 닫기가 더 어렵습니다.

각 자원마다 모종의 이유로 실패할 수도 있으므로 실수없이 **다수** 자원을 항상 닫기는 쉽지 않습니다. try-with-resources 구문을 쓰지 않고 직접 자원을 닫기는 매우 어렵습니다.

위 코드를 봅시다. DirectoryStream과 BufferedWriter라는 자원 두 가지를 사용합니다. 한 자원으로부터 읽어 다른 자원에 쓰는 방식은 무척 흔합니다.

try 전에 자원을 열고 finally 블록 안에서 닫습니다. **5.7 항상 자원 닫기(144쪽)** 에서 보았던 직접 구현 버전과 거의 비슷합니다. 하지만 예외 때문에 일이 어긋 날 수 있습니다.

- writer 생성에 실패하면 메서드가 예외와 함께 종료되어 directoryStream 이 닫히지 않습니다.
- directoryStream 닫기에서 예외가 발생하면 writer가 닫히지 않습니다.

이때 try-with-resources가 다시 한 번 도움이 됩니다.

```
class Logbook {
    static final Path LOG_FOLDER = Paths.get("/var/log");
    static final Path STATISTICS_CSV = LOG_FOLDER.resolve("stats.csv");
    static final String FILE_FILTER = "*.log";
```

```
void createStatistics() throws IOException {
    try (DirectoryStream<Path> directoryStream =
                Files.newDirectoryStream(LOG_FOLDER, FILE_FILTER);
        BufferedWriter writer =
                Files.newBufferedWriter(STATISTICS_CSV)) {
        for (Path logFile : directoryStream) {
            String csvLine = String.format("%s,%d,%s",
                        logFile,
                        Files.size(logFile),
                        Files.getLastModifiedTime(logFile));
            writer.write(csvLine);
            writer.newLine();
        }
    }
}
```

try-with-resources 블록은 자원 하나만 닫을 수 있는 것이 아닙니다. 동시에
여러 자원을 처리할 수 있습니다. 뭔가 잘못되더라도 모든 자원을 항상 닫아 줍
니다. 여러 자원을 사용하고 싶다면 try-with-resources 안에서 세미콜론으로
구분해 주기만 하면 됩니다.

```
try (open resource1; open resource2) {
    // 자원 사용
}
```

내부적으로 컴파일러는 try-with-resources 블록 내 각 자원을 확장해 여러
중첩 블록을 생성합니다. 가장 안쪽 try-finally 블록에서 열려진 자원을 사용
하고요.

```
// resource1 열기
try {
    // resource2 열기
    try {
        // resource1과 resource2 사용
    } finally { resource2.close(); }
} finally { resource1.close(); }
```

자원을 직접 관리하지 마세요. '제 발등 찍기'입니다. 다치지 않으려면 try-with-resources 블록 안에서 자원을 여세요.

5.9 빈 catch 블록 설명하기

```
class Logbook {

    static final Path LOG_FOLDER = Paths.get("/var/log");
    static final String FILE_FILTER = "*.log";

    List<Path> getLogs() throws IOException {
        List<Path> result = new ArrayList<>();

        try (DirectoryStream<Path> directoryStream =
                    Files.newDirectoryStream(LOG_FOLDER, FILE_FILTER)) {
            for (Path logFile : directoryStream) {
                result.add(logFile);
            }
        } catch (NotDirectoryException e) {

        }

        return result;
    }
}
```

5장의 마지막 비교는 다시 예외 잡기로 돌아가겠습니다. 위 코드의 LogBook 예제는 이전에 보았던 버전과 조금 다릅니다. 자원은 올바르게 닫는데 다른 부분이 이상합니다. 바로 catch 블록입니다.

예외는 예외를 의미 있게 처리할 수 있을 때만 잡아야 합니다. catch 블록에는 예외를 처리하는 코드가 들어 갑니다. 예외를 처리하는 방식은 매우 다양합니다. 다른 코드로 재시도하거나 예외 발생을 로깅할 수도 있죠.

예외를 그냥 넘기고 아무 것도 하지 말아야 할 때도 있습니다. 그래도 빈 catch 블록을 마주하면 항상 이상한 기분이 들죠. 혹시 버그일까? 의도하지 않게, 예를 들어 IDE가 catch를 추가하고 예외를 감춘 것일까? 아니면 피처일까? 프로그래머가 일부러 빈 catch 블록을 둔 것일까?

아무리 생각해보아도 알 수 있는 방법이 없습니다. 왜 비어 있는지 아무 힌트가 없으면 빈 catch 블록은 무조건 버그처럼 보입니다. 의도한 것인지 확실하지 않습니다. 결국 소중한 프로그래밍 시간을 다시 확인하는 데 낭비합니다.

어쨌든 후회보다 안전한 편이 나으니까요.

그러면 의도를 어떻게 설명하면 좋을까요?

```java
class Logbook {

    static final Path LOG_FOLDER = Paths.get("/var/log");
    static final String FILE_FILTER = "*.log";

    List<Path> getLogs() throws IOException {
        List<Path> result = new ArrayList<>();

        try (DirectoryStream<Path> directoryStream =
                    Files.newDirectoryStream(LOG_FOLDER, FILE_FILTER)) {
            for (Path logFile : directoryStream) {
                result.add(logFile);
            }
        } catch (NotDirectoryException ignored) {
            // 디렉터리가 없으면 -> 로그도 없다!
        }
        return result;
    }
}
```

훨씬 낫습니다. catch 블록에 뭔가 문제가 있는 것처럼 보이지 않거든요.

두 가지를 바꾸었습니다.

먼저 예외 변수명을 e에서 ignored로 바꾸었습니다. 스스로 잘 설명할 뿐만 아니라 예외를 무시하겠다고 명시적으로 드러냅니다. 이러한 이름은 거의 규칙에 가깝습니다. 최근에는 IDE조차 이러한 이름을 이해해 catch 블록이 비어 있다고 경고하지 않습니다.

둘째 예외를 **왜** 무시하는지 주석을 추가했습니다. 주석은 다른 프로그래머가 구현 결정을 더 쉽게 이해하는 데 반드시 필요합니다. 일종의 디자인 결정 사항인만큼 **3.5 구현 결정 설명하기(090쪽)**에서 보았던 템플릿과 비슷하게 만드세요. 예제에서는 CONDITION -> EFFECT라는 템플릿을 제안했습니다. 조건 (CONDITION)은 왜 예외를 던졌는지, 영향(EFFECT)은 왜 그냥 넘기고 무시할 수 있는지를 나타냅니다.

주석만 있으면 충분하다고 생각할 수도 있습니다. 하지만 먼저 이름을 바꾸고 주석을 넣길 바랍니다. 궁극적으로 예외 변수에는 항상 이름이 있어야 하고 흔한 e보다 더 나은 이름을 짓는 것이 좋습니다.

5.10 5장에서 배운 내용

어떤 프로그램을 작성하든 예외 처리는 필수입니다. 5장에서 배웠듯이 깜빡 잊고 예외를 원인 사슬로 연결하지 않거나 자원을 올바르게 닫지 않는 등 미묘하고 세부적인 요소에서 예외가 쉽게 발생하고 오동작합니다.

이러한 실수를 저질러도 프로그램은 컴파일됩니다. 자바는 예외를 설명하는 훌륭한 메시지를 제공하지도 않고 예외를 서로 연결하라고 강제하지도 않습니다. 문제를 아주 나중에야, 일반적으로 프로그램이 실제 데이터와 함께 생산 환경에 배포되었을 때나 알아차리게 되므로 문제입니다. 그때는 고장난 스택 추적이나 쓸모없는 오류 메시지로 가득 찬 버그 보고를 받으니 원인을 추적하기 매우 어렵겠죠. 그러니 처음부터 적절한 예외 처리 코드를 바로바로 작성해 추후 작업을 편하게 만드세요! 그렇지 않으면 소프트웨어를 고객에게 배포하려고 할 때 나쁜 인상을 줄 뿐만 아니라 어디서 문제가 발생했는지 알아낼 수도 없을 테니까요.

이것을 위해 디버깅을 도와줄 유익한 예외 메시지를 어떻게 작성하는지, 작성한 정보를 프로그램에 어떻게 노출하는지 소개했습니다. 또한 예외를 잘못 처리했을 때 생길 수 있는 문제도 알아보았습니다. 너무 일반적인 예외 타입을 잡는 바람에 실수로 예외를 넘기거나 타입 변환 전에 instanceof 연산자로 타입을 검증하는 것을 깜빡 잊거나 자원을 올바르게 닫지 않아 메모리 누수(memory leak)가 생기는 등이요. 마지막으로 **5.1 빠른 실패(129쪽)**와 빈 catch 블록 설명을 사용해 예외 처리 코드를 읽고 이해하기 쉽게 구조화하는 방법도 보여드렸습니다.

5장에서는 주로 프로그램 실행 도중 뭔가 어긋나더라도 프로그램을 계속 동작시키는 방법을 다루었습니다. 파일 처리나 네트워킹처럼 불가피하게 제어할 수 없는 부분들이 있으며 그러한 오류는 미리 막을 수도 없습니다. 반면, 피할 수 있고 피해야 할 문제도 많습니다. 프로그램에는 프로그래밍 오류가 없어야 하고 개발자가 고칠 수 있는 버그도 없어야 합니다.

말처럼 쉽지는 않지만 프로그램을 올바르게 기능하게 하기 위해 맨 먼저 시도하는 가장 중요한 도구가 있습니다. 바로 단위 테스트입니다. 6장에서 다룰 주제이기도 합니다. 단순히 버그만 찾는 코드가 아니라 일반적인 코드와 비교해도 뒤지지 않는 고품질의 테스트 코드를 어떻게 작성하는지 보여드리겠습니다. 놓치지 마세요!

memo

6^장

올바르게
드러내기

코드는 꼭 테스트하라, 아니면 사용자가 하게 된다.

– 데이브 토마스, 앤드류 헌트

실수는 인간이 저지릅니다. 즉 우리 모두는 실수합니다. 얼마나 뛰어나든, 교육을 얼마나 잘 받았든, 경험이 얼마나 풍부하든 가끔 버그가 있는 코드를 작성합니다. 나사의 버그로 인해 화성 로봇은 매우 어렵게 착륙했고 로켓은 너무 빨리 가속되며 이륙했습니다. 팩맨은 256레벨에서 화면이 꺼지며 끝났습니다. X선 장비가 방사선을 너무 많이 내뿜게 만드는 등의 형편없는 소프트웨어 오류는 인류를 다치게 하거나 심지어 죽이기도 했습니다.

물론 누구나 버그가 없는 소프트웨어를 만들려고 합니다. 테스트도 결함을 찾아내는 한 가지 기법일 뿐입니다. 절대로 완벽하지 않습니다. 테스트를 얼마나 해야 오류가 없을지 보장할 수 없습니다. 그렇다고 테스트를 전혀 작성할 필요가 없다는 말은 아닙니다. 6장에서 보여드릴 매우 간단한 몇 가지 기법만으로도 크게 향상시킬 수 있습니다.

다행히 최근 매우 작은 변경이더라도 한때 동작했던 기능에 지장이 없도록 코드를 변경할 때마다 실행할 수 있는 자동화된 테스트가 가능해지면서 테스트 작성이 쉬워졌습니다. 자바에는 내장된 테스트 지원이 없지만 거의 유사한 JUnit 프레임워크를 지원합니다. JUnit 프레임워크는 테스트를 자동으로 실행하기 위한 사실상의 자바 표준입니다. 매우 필수적인 프레임워크인 만큼 JUnit을 기본적으로 다룰 줄 안다고 가정하고 설명을 이어가겠습니다. 적어도 JUnit 테스트를 실행할 수 있어야 합니다.

JUnit 사용법을 알더라도 처음부터 **훌륭한** 테스트 집합을 작성하기는 쉽지 않습니다. 테스트 케이스를 적절히 디자인하고 명명하고 모든 클래스와 메서드, 표기에 JUnit API를 사용해야 합니다. 6장에서는 테스트 케이스로 일반적인 문제를 **감지**하고 **향상**시키는 방법을 보여드리겠습니다. 테스트를 구성하고 설명하고 다른 개발자가 혼자서도 빠르게 이해할 수 있도록 독립시키는 방법도 다루겠습니다.

6.1 Given–When–Then으로 테스트 구조화

```java
class CruiseControlTest {

    @Test
    void setPlanetarySpeedIs7667() {
        CruiseControl cruiseControl = new CruiseControl();
        cruiseControl.setPreset(SpeedPreset.PLANETARY_SPEED);
        Assertions.assertTrue(7667 == cruiseControl.getTargetSpeedKmh());
    }
}
```

위 코드는 JUnit5로 작성한 간단한 테스트입니다. JUnit은 자바 클래스 라이브러리에는 속하지 않지만 자바에서 단위 테스트를 작성하는 사실상의 표준이며 가장 최신 버전은 JUnit5입니다. 익히 알고 있겠지만 테스트 정의는 매우 간단합니다. 메서드에 @Test 표기만 추가하면 JUnit이 테스트로 실행합니다.

위 테스트는 톡톡히 제 역할을 합니다. 올바르게 실행되고 코드에서 버그를 감지하거든요. 숫자 7667은 어서션에 속하므로 **2.1 매직 넘버를 상수로 대체(057쪽)**를 적용하지 않아도 됩니다. 하지만 지금까지 그래왔듯이 더 구조화하거나 읽기 쉽게 바꿀 수도 있습니다. 가독성은 소스 코드뿐만 아니라 테스트 코드에서도 중요합니다. 어쨌든 테스트 코드 **역시** 코드니까요. 하지만 위 테스트는 너무 급히 부주의하게 작성한 것처럼 보입니다.

일반적으로 테스트는 given, when, then이라는 세 개의 핵심 부분으로 구성됩니다. 모범 테스트 명세를 예로 들어 보겠습니다.

- 2가 찍혀 있는 계산기가 **주어졌을 때(given)**
- 숫자 3을 더할 **경우(when)**
- **그러면(then)** 숫자 5가 나타나야 한다.

given은 실제 테스트를 준비하는 단계이자 테스트하려는 기능을 실행하기 위한 전제 조건을 모두 포함합니다. when 부분은 실제로 테스트하려는 연산을 수행합니다. then 부분은 when에서 수행한 결과가 실제로 기대했던 결과인지 명확히 드러냅니다(assertion).

위 구조가 코드에 뚜렷이 보이면 테스트 코드를 읽기 훨씬 쉽습니다. 예제 테스트에서 어떤 명령문이 세 부분 중 어디에 속하는지 알겠나요? 부합시킬 줄도 세 개, 개념(given, when, then)도 세 개여서 쉽게 알아낼 수 있습니다. 놀랄 만큼 빠르게요.

아래처럼 테스트를 구조화하면 각 부분이 더 명확히 드러납니다.

```java
class CruiseControlTest {

    @Test
    void setPlanetarySpeedIs7667() {
        CruiseControl cruiseControl = new CruiseControl();

        cruiseControl.setPreset(SpeedPreset.PLANETARY_SPEED);

        Assertions.assertTrue(7667 == cruiseControl.getTargetSpeedKmh());
    }
}
```

약간만 고쳐도 가독성을 크게 높일 수 있습니다. given-when-then 사이사이에 새 줄을 넣어 분리했을 뿐인데 매우 많이 향상되었죠. 어떻게 보면 **2.6 새 줄로 그루핑(069쪽)**을 적용해 특정 테스트 구조를 강조한 셈입니다.

빈 줄을 넣어 명령문을 수직으로 분리한 덕분에 이제 given, when, then이 뚜렷이 보입니다. 훨씬 더 명확해졌습니다. 테스트 코드에 주석까지 넣으면 구조가 확연히 드러납니다. 아래를 보세요.

```java
// given
CruiseControl cruiseControl = new CruiseControl();

// when
```

```
cruiseControl.setPreset(SpeedPreset.PLANETARY_SPEED);

// then
Assertions.assertTrue(7667 == cruiseControl.getTargetSpeedKmh());
```

강의할 때 테스트를 올바르게 구조화하는 데 능숙해지는 방법으로 주석 추가를
권하기도 합니다. 하지만 일단 구조가 눈에 익으면 수직 빈 줄로도 충분합니다.
JGiven과 같은 프레임워크는 구조를 훨씬 더 명확히 해줍니다.

그래도 여전히 코드에는 문제가 남아 있으니 다음 비교에서 알아보겠습니다.

JAVA BY COMPARISON

6.2 의미 있는 어서션 사용하기

```
class CruiseControlTest {

    @Test
    void setPlanetarySpeedIs7667() {
        CruiseControl cruiseControl = new CruiseControl();

        cruiseControl.setPreset(SpeedPreset.PLANETARY_SPEED);

        Assertions.assertTrue(7667 == cruiseControl.getTargetSpeedKmh());
    }
}
```

JUnit에 들어 있는 가장 기본적인 어서션은 assertTrue()입니다. 어떤 어서
션이든 결과는 조건을 만족하는지 아닌지를 보여주는 불 값입니다. 자바는 아
무 어려움 없이 불 표현식을 이해할 수 있지만 동료 개발자가 더 편하게 일하
려면 더 이해하기 쉬운 방식으로 어서션을 작성해야 합니다. 그런데 보통은
assertTrue()로 하지 않습니다.

위 코드를 보세요. 어서션은 targetSpeedKmh의 값이 7667과 같은지 검증합니다. 동등을 == 연산자로 검증해도 예제에서는 문제가 없습니다. 원시형 int 두 개만 비교하니까요. 대신 객체라면 equals()를 사용합니다.

테스트는 기능상 올바르게 동작하지만 테스트가 실패할 경우, 문제가 드러납니다. 문제가 발생하면 java.lang.AssertionError라는 스택 추적을 받는데 여기에는 실패한 클래스, 실패한 어서션의 줄 번호만 있고 아무 메시지도 없습니다. 따라서 **어떤** 어서션이 실패했는지만 알 뿐 **왜** 실패했는지는 모릅니다.

이 메시지(더 정확히 말해 메시지의 부재)로는 무엇이 잘못되었는지 전혀 알 수 없습니다. 버그가 어디서 발생했는지도 모릅니다. 어서션은 두 값의 비교가 아니라 단지 어떤 불 값이 true여야 하는데 false인 것에만 신경씁니다. 그러니 당연히 실패한 어서션을 자세히 설명할 수가 없죠.

그러면 더 자세한 오류 메시지를 얻기 위해 어서션에 정보를 더 넣으려면 어떡해야 할까요?

```
class CruiseControlTest {

    @Test
    void setPlanetarySpeedIs7667() {
        CruiseControl cruiseControl = new CruiseControl();

        cruiseControl.setPreset(SpeedPreset.PLANETARY_SPEED);

        Assertions.assertEquals(7667, cruiseControl.getTargetSpeedKmh());
    }
}
```

해법은 사실 무척 간단합니다. 두 값이 같은지 확인하는 assertEquals()라는 다른 어서션을 사용하는 것입니다. 이 어서션을 사용하면 JUnit은 테스트 실패 시 훨씬 나은 오류 메시지를 제공합니다. 아래처럼요.

```
expected: <7667> but was <1337>
```

정보가 훨씬 유익합니다. 앞에서는 테스트가 실패했다는 것만 알았습니다. 이제는 테스트가 왜 실패했는지도 알죠. 값이 7667과 같아야 했는데 실제로는 1337이었다고요.

물론 assertTrue()로도 더 자세한 메시지를 제공할 수 있습니다. 다만 assertEquals()와 달리 테스트 실패 시 보여줄 메시지를 직접 만들어 assertTrue()에 넣어야 합니다. 즉 코드 기반 내 assertTrue()마다 메시지를 만들어야 한다는 뜻이죠. 그냥 assertEquals()처럼 메시지가 바로 나오는 어서션을 사용하는 편이 훨씬 낫습니다.

어디선가 본 듯한 메시지 형식입니다. 얼마 전 **5.3 메시지로 원인 설명(134쪽)**에서 비교할 때 사용했던 형식입니다. 예외는 어떤 면에서 테스트 실패와 매우 유사해 이러한 메시지 형식은 뭔가가 예상대로 왜 동작하지 않았는지 개발자가 알아내는 데 매우 유용합니다.

JUnit에는 assertEquals()와 assertTrue() 외에도 훨씬 많습니다. 당연히 assertFalse(), assertNotEquals(), assertSame()도 있죠. assertArrayEquals()와 assertLinesMatch(), assertIterableEquals()로 배열이나 자료 구조에 같은 내용이 들어 있는지도 비교할 수 있습니다. assertAll()로 여러 어서션을 함께 묶을 수도 있고 assertTimeout()으로 실행 시간이 충분히 짧았는지까지 검증할 수 있습니다. 중요한 것은 더 나은 메시지를 얻으려면 검증하려는 테스트에 가장 적합한 어서션을 선택해야 한다는 점입니다.

6.3 실제 값보다 기대 값을 먼저 보이기

```
class CruiseControlTest {

    @Test
```

```
void setPlanetarySpeedIs7667() {
    CruiseControl cruiseControl = new CruiseControl();

    cruiseControl.setPreset(SpeedPreset.PLANETARY_SPEED);
    Assertions.assertEquals(cruiseControl.getTargetSpeedKmh(), 7667);
    }
}
```

올바른 테스트처럼 보이네요. 그렇죠? 세 부분으로 나누어 구조화했고 assertEquals()로 결과를 비교했고 의미 있게 명명했습니다. 문제는 코드를 더 자세히 들여다보아야 보입니다.

테스트를 실행해 어서션에 실패하면 문제가 확연히 드러납니다. 아래와 같은 메시지를 얻습니다.

```
expected: <1337> but was <7667>
```

메시지는 assertEquals() 메서드에 들어 있는 두 값이 서로 다르다고 말합니다. 그래서 당연히 테스트가 실패했고요. 여기까지는 좋은데 메시지의 의미가 틀렸습니다. 원래 테스트에서는 숫자 7667이 올바른 결과이고 1337이 cruiseControl이 반환하는 잘못된 결과여야 했습니다. 하지만 메시지는 거꾸로 표시합니다.

오류는 assertEquals()의 인수가 잘못된 순서로 뒤바뀌는 바람에 생겼습니다. 불행히도 자바나 JUnit은 타입 검증을 지원하지 않습니다. 어쨌든 기대한 타입과 실제 값은 같아야 하는데 말이죠. 순서는 전적으로 의미상의 문제이고 실수로 틀리기도 쉽습니다.

예제처럼 간단한 테스트라면 메시지로 무엇을 전달해야 할지 금방 결정할 수 있습니다. 문제될 것이 없죠. 하지만 예제의 int 값처럼 쉽게 답이 떠오르지 않는 큰 객체를 비교하는 더 복잡한 assertEquals()를 호출한다고 생각해보세요. 오류를 이해하기도 힘들 뿐만 아니라 메시지가 무조건 올바르다고 가정할 테니 오류의 원인을 디버깅하다가 잘못된 길로 빠질 수도 있습니다. 실패한 테스트의 메시지를 읽을 때 최소한 그 메시지 자체는 무조건 옳다고 가정하므로 가정이 틀리면 안 됩니다.

예제에서는 assertEquals()의 인수 순서에 주의를 기울여야 합니다.

```
class CruiseControlTest {

    @Test
    void setPlanetarySpeedIs7667() {
        CruiseControl cruiseControl = new CruiseControl();

        cruiseControl.setPreset(SpeedPreset.PLANETARY_SPEED);

        Assertions.assertEquals(7667, cruiseControl.getTargetSpeedKmh());
    }
}
```

예상했겠지만 방법은 무척 간단합니다. assertEquals() 메서드의 두 인수를 바꾸어주기만 하면 됩니다.

그러면 어서션(assertion)의 오류 메시지가 아래처럼 바뀝니다.

```
expected: <7667> but was <1337>
```

훨씬 낫네요! 메시지는 올바른 정보를 제공하고 있고 더 이상 오해의 소지가 없습니다. 경험에서 나온 조언을 하자면 **먼저** 무엇을 원하는지부터 생각하세요.

버그 수정은 어렵지 않습니다 애당초 버그가 생기지 않도록 하기가 어렵죠. 위와 같은 오류는 자바 초보자 코드에서 많이 보이고 때로는 전문가 코드에서도 보입니다. 물론 지극히 사소한 이슈처럼 보입니다. 하지만 명확하고 설명적인 어서션 메시지는 필요할 때(테스트에 실패했을 때) 엄청난 도움이 됩니다. 그때는 버그를 고칠 수 있게 해주거나 반대 방향에서 헤매지 않게 해주는 의미 있는 오류 메시지에 매우 감사하게 될 거예요. 저자도 그러한 메시지에 몇 번이나 감사한 적이 있습니다.

6장에서는 예상밖의 상황을 예상해야 한다는 점도 강조했습니다. 코드에서 뭔가 잘못되었을 때 원래는 어떻게 동작해야 했는지, 코드의 어느 부분이 문제를 일으켰는지 빨리 알고 싶다면 필요한 정보를 모두 준비하세요. 인수 순서를 올바르게 넣는 것도 그 중 하나입니다. (앞의 비교에서 보았듯이) 올바르게 어서션을 사용하고 적절히 설정하는 것, 이어서 배울 **6.4 합당한 허용값 사용하기(164쪽)**도요.

6.4 합당한 허용값 사용하기

```java
class OxygenTankTest {

    @Test
    void testNewTankIsEmpty() {
        OxygenTank tank = OxygenTank.withCapacity(100);
        Assertions.assertEquals(0, tank.getStatus());
    }

    @Test
    void testFilling() {
        OxygenTank tank = OxygenTank.withCapacity(100);

        tank.fill(5.8);
        tank.fill(5.6);

        Assertions.assertEquals(0.114, tank.getStatus());
    }
}
```

위 코드는 정숫값이 아닌 부동소수점 수를 비교하는 테스트입니다. 소스 코드만 보면 테스트는 괜찮아 보입니다. 문제는 테스트 코드가 기능적으로 올바름에도 불구하고 실패한다는 점입니다.

이유를 알겠나요? 저자가 실험했던 장비에서 두 번째 테스트는 `expected: <0.114> but was <0.11399999999999999>`라는 메시지와 함께 실패합니다. 분명히 예상했던 소수점 이하 값이 아닙니다.

문제는 부동소수점 산술 연산[*], 즉 64 또는 32비트로 소수를 표현하는 방식에서 비롯되었습니다. 자바는 IEEE 부동소수점 산술 연산 표준(IEEE 754)을 따릅니다. 자세한 내용은 들여다보지 않겠지만 간단히 말해 부동소수점 수를 모두 유한한 비트 수로 표현하기란 불가능합니다. 그래서 기본적으로 자바를 포함해 모든 프로그래밍 언어에서는 부동소수점 수를 근사화합니다. 예를 들어 소수 0.1은 메모리 내에서 0.1000000000000000055511151231126과 같은 가까운 근사값으로 간단히 바뀝니다. 근사화만으로도 끝수처리 오차가 발생할 수 있습니다.

위 테스트에서 5.6, 5.8, 0.114과 같은 소수는 모두 double로 근사화된 수일 뿐입니다. 물론 이러한 수를 코드에 직접 명시할 수 있지만 실행 중에 산술 연산이 일어나면 결국 기대했던 수와 매우 가까운 근사값으로 변해버립니다. 그래서 위 어서션이 실패했고요.

부동소수점 연산을 테스트할 때는 소수점 자릿수를 명시해야 합니다.

```
class OxygenTankTest {
    static final double TOLERANCE = 0.00001;

    @Test
    void testNewTankIsEmpty() {
        OxygenTank tank = OxygenTank.withCapacity(100);
        Assertions.assertEquals(0, tank.getStatus(), TOLERANCE);
    }

    @Test
    void testFilling() {
```

---

[*] 포괄적으로 알고 싶다면 컴퓨터 과학자가 부동소수점 연산에 대해 알아야 할 것을 읽어보세요.
https://docs.oracle.com/cd/E19957-01/806-3568/ncg_goldberg.html

```
        OxygenTank tank = OxygenTank.withCapacity(100);

        tank.fill(5.8);
        tank.fill(5.6);

        Assertions.assertEquals(0.114, tank.getStatus(), TOLERANCE);
    }
}
```

부동소수점 연산에 완전 일치는 없습니다. 융통성 없이 완전 일치를 고수하지 말고 기대값과 실제값 사이의 약간의 차이를 허용해야 합니다.

JUnit으로 쉽게 할 수 있습니다. assertEquals(double expected, double actual, double delta) 어서션은 delta라는 허용값을 지원합니다. 소수점 이하 두 번째 자리까지 일치해야 한다면 $0.1*10^{-2}=0.001$을 허용값으로 사용하세요. 예제에서는 네 번째 자릿수까지 일치해야 하므로 허용값을 최소 0.00001로 명시했습니다.

요약하면 assertEquals()에 float나 double을 사용할 때는 항상 자릿수를 알아야 하고 받아들일 수 있는 허용 수준을 명시해야 합니다.

> **돈에는 절대로 부동소수점 연산을 하지 말자!**
>
> 코드에서 화폐 가치를 다루어야 할 때는 당연히 float나 double을 쓰고 싶을 것이고 대부분의 초보자가 딱 이렇게 합니다. 어쨌든 초콜릿 바 하나에 1.99달러인 것처럼 일상적으로 돈을 부동소수점 형태로 사용하니까요. 부동소수점 값이 단지 자연스러운 표현처럼 보입니다. 하지만 절대로 이렇게 하지 마세요!
>
> 머지 않아 끝자릿수 오차로 인해 프로그램이 잘못된 계산 결과를 낼 테니까요. 돈에 대해서는 미세한 차이도 금방 눈에 띕니다. 다행히 해결책은 간단합니다. 대부분의 은행이나 보험사의 자바 기반 시스템에서 쓰는 방법처럼 달러를 double 값에 저장하지 않는 대신 센트를 long 변수에 저장하거나 BigDecimal을 사용하세요.

6.5 예외 처리는 JUnit에 맡기기

```java
class LogbookTest {

    @Test
    void readLogbook() {
        Logbook logbook = new Logbook();

        try {
            List<String> entries = logbook.readAllEntries();
            Assertions.assertEquals(13, entries.size());
        } catch (IOException e) {
            Assertions.fail(e.getMessage());
        }
    }

    @Test
    void readLogbookFail() {
        Logbook logbook = new Logbook();

        try {
            logbook.readAllEntries();
            Assertions.fail("read should fail");
        } catch (IOException ignored) {}
    }
}
```

테스트와 예외는 종종 연관되어 있습니다. 테스트는 아무 예외도 던지지 않거나 특정 예외를 반드시 던지게 합니다.

위 코드를 보세요. 서로 다른 방식으로 예외를 사용하는 두 가지 테스트를 보여줍니다. 첫 번째 테스트는 IOException이 발생하면 실패하고 두 번째 테스트는 반대로 성공합니다. 이때 fail() 어서션을 실행해 테스트를 실패시켰습니다. 첫 번째 테스트는 IOException을 잡아 실패시키되 실패한 테스트를 더 잘 추적할 수 있도록 예외 메시지를 넘깁니다. 두 번째 테스트는 예외가 발생하면 성공합니다. 제어 흐름(control-flow)을 catch 블록에게 넘기고 fail()을 호출하지 않습니다.

두 가지 방법의 예외 테스트 모두 제대로 동작하지만 각각 단점이 있습니다. 첫 번째 테스트에서는 원인 사슬(cause chain)(**5.4 원인 사슬 깨지 않기(136쪽)**에서 이미 배웠습니다)이 깨집니다. 메시지만 제공할 뿐 전체 예외를 스택 추적으로 제공하지 않습니다. 두 번째 테스트는 실제로 예외가 일어나길 기대하는데 코드로는 그 이유를 알 수 없습니다. 테스트로는 코드 일부가 실행되지 않는지만 확인할 뿐 이유 자체는 불투명합니다. Assertions.assertTrue(true, "expected exception occurred")과 같은 어서션을 catch 블록에 넣을 수도 있지만 별로 나아보이지는 않네요.

JUnit에는 예외를 처리하는 내장 메커니즘이 있습니다.

```java
class LogbookTest {

    @Test
    void readLogbook() throws IOException {
        Logbook logbook = new Logbook();

        List<String> entries = logbook.readAllEntries();

        Assertions.assertEquals(13, entries.size());
    }

    @Test
    void readLogbookFail() {
        Logbook logbook = new Logbook();

        Executable when = () -> logbook.readAllEntries();

        Assertions.assertThrows(IOException.class, when)
    }
}
```

첫 번째 테스트는 가장 기초적인 테스트라고 할 수 있습니다. 모든 JUnit 테스트는 **어떤 예외도 발생하지 않는다**는 암묵적인 어서션을 포함합니다. 그러니 명시적으로 추가하지 말고 그냥 JUnit이 알아서 하게 놔두면 됩니다. try-catch 블록과 fail 호출을 모두 뺐더니 테스트 코드가 매우 간소화되었습니다. 코드를 더 편하게 읽을 수 있고 원인 사슬도 더 이상 깨지지 않습니다. 예외가 발생할 경우, JUnit은 실패에 대한 전체 스택 추적을 표시합니다.

두 번째 테스트에서는 assertThrows()를 사용했습니다. assertThrows 어서션은 테스트에서 어떤 종류의 예외가 던져지길 바라는지를 명시적으로 나타냅니다. 보다시피 try-catch 블록과 fail() 호출이 사라졌습니다.

그 대신 모두 assertThrows()가 처리합니다. 예외가 생기길 바라는 메서드만 어서션에 전달하면 됩니다. JUnit5의 Executable 타입 형태로요. 기존에는 주로 익명 클래스(new Executable(){···})를 생성하는 방법을 썼습니다. 예제에서는 앞에서 배웠던 **8.1 익명 클래스 대신 람다 사용하기(207쪽)**를 적용함으로써 익명 클래스보다 훨씬 읽기 편하게 코드를 향상시켰습니다.

6.6 테스트 설명하기

```
class OxygenTankTest {
    static final double PERMILLE = 0.001;

    @Test
    @Disabled
    void testFill() {
        OxygenTank smallTank = OxygenTank.withCapacity(50);

        smallTank.fill(22);

        Assertions.assertEquals(0.44, smallTank.getStatus(), PERMILLE);
    }

    @Test
```

```
private void testFill2() {
    OxygenTank bigTank = OxygenTank.withCapacity(10_000);
    bigTank.fill(5344.0);

    Executable when = () -> bigTank.fill(6000);

    Assertions.assertThrows(IllegalArgumentException.class, when);
}
```
}

궁극적으로 테스트는 실패합니다. 테스트는 실수를 알려주기 위한 것이니까요. 테스트가 실패하면 맨 먼저 무엇이 실패했는지 그 이름이 나옵니다. 적절한 명명은 실패의 원인을 더 빨리 찾는 데 큰 도움이 됩니다.

위 코드는 이미 많이 향상되었습니다. **6.1 Given-When-Then으로 테스트 구조화(157쪽)**를 적용했고 바로 이전에 다루었던 비교도 적용했습니다. 심지어 assertThrows() 어서션을 사용해 Executable에서 어떤 예외를 던지길 바라는지도 명시했습니다. 하지만 여전히 매우 중요한 것이 빠져 있습니다. 바로 좋은 이름과 설명서입니다. 실제로 테스트는 무엇을 검증합니까?

테스트에 실패하면 처음에는 클래스명과 메서드명만 보여줍니다. [ProductionClass]Test 명명 규칙에 따라 이 테스트에 OxygenTank 클래스에 대한 테스트가 들어 있음을 알 수 있죠. 도움이 되는 클래스명과 달리 어떤 메서드를 테스트 중인지(fill() 메서드)와 테스트 번호만 나열하는 메서드명은 도움이 안 됩니다. 이름만 보아서는 (fill() 메서드를 테스트한다는 사실 빼고는) 실제로 무엇을 테스트하는지 불분명합니다. 애석하게도 실제 코드에서 자주 보이는 테스트명입니다. 대부분의 IDE가 test[MethodName] 규칙에 따라 자동으로 생성하거든요.

주석을 추가하는 방법도 있습니다. 하지만 JUnit5를 활용하는 편이 훨씬 낫습니다.

코드를 어떻게 더 잘 설명할 수 있을까요?

```
class OxygenTankTest {
    static final double PERMILLE = 0.001;

    @Test
    @DisplayName("Expect 44% after filling 22l in an empty 50l tank")
    @Disabled("We don't have small tanks anymore! TODO: Adapt for big tanks")
    void fillTank() {
        OxygenTank smallTank = OxygenTank.withCapacity(50);

        smallTank.fill(22);

        Assertions.assertEquals(0.44, smallTank.getStatus(), PERMILLE);
    }

    @Test
    @DisplayName("Fail if fill level > tank capacity")
    void failOverfillTank() {
        OxygenTank bigTank = OxygenTank.withCapacity(10_000);
        bigTank.fill(5344.0);

        Executable when = () -> bigTank.fill(6000);

        Assertions.assertThrows(IllegalArgumentException.class, when);
    }
}
```

우선 메서드명에서 불필요한 용어를 없앴습니다. 이제는 test와 같은 단어로 시작하지 않습니다. 그 대신 상황과 테스트 중인 메서드, 검증할 어서션을 나타냅니다. failOverfillTank()라는 테스트명은 testFill2()보다 의도가 훨씬 더 명확하죠! 하지만 메서드명에는 공백이 있으면 안 되고 글자와 숫자만 허용된다는 제약이 붙습니다.*

JUnit5를 사용하면 @DisplayName("description with spaces and symbols")처럼 메서드명을 바꾸지 않고도 훌륭한 테스트 설명을 추가할 수 있습니다.

---

* 자바 7부터는 Character.isJavaIdentifierPart(int)를 넘겨주는 모든 유니코드 char를 쓸 수 있습니다. 그래도 메서드명에는 숫자와 글자만 사용하길 바랍니다.

@DisplayName 표기에서는 공백과 %, >과 같은 기호를 활용해 **매우** 표현적이고 간결한 테스트 설명을 작성할 수 있거든요. 공백이 있으면 문장으로 읽기 편해지고 기호가 있으면 각 단위별로 짧고 간결한 설명이 가능해집니다.

테스트를 그냥 삭제하지 않고 왜 비활성화하는지도 꼭 설명해야 합니다. @Disabled("[Why it's disabled] TODO: [what's the plan to enable again]") 형식을 사용하세요. 이렇게 하면 1) 비활성화를 하며 나중에 테스트가 어떻게 변할지 생각해볼 수 있고 2) 향후 개발자가 다시 활성화하려고 할 때 필요한 정보를 제공할 수 있습니다.(아무 단서도 없는 빈털터리로 두지 않고요)

6.7 독립형 테스트 사용하기

```java
class OxygenTankTest {
    OxygenTank tank;

    @BeforeEach
    void setUp() {
        tank = OxygenTank.withCapacity(10_000);
        tank.fill(5_000);
    }

    @Test
    void depressurizingEmptiesTank() {
        tank.depressurize();

        Assertions.assertTrue(tank.isEmpty());
    }

    @Test
    void completelyFillTankMustBeFull() {
        tank.fillUp();
```

```
        Assertions.assertTrue(tank.isFull());
    }
}
```

자바를 가르치다 보면 @BeforeEach와 @BeforeAll 표기를 즐겨 쓰는 초보자가 종종 보입니다. 결과적으로 두 표기는 테스트의 given 부분에 필요한 공통 설정 코드를 추출하고 한 번만 작성할 수 있게 해줍니다. 코드 중복이 없으니 좋은 일이죠. 하지만 대가가 따릅니다. 설정 메서드로 인해 테스트를 이해하기 어려워지니까요. 이유를 알아봅시다.

위 코드에 나오는(@BeforeEach로 표기된) 설정 메서드는 절반만 채워진 탱크를 설정한 후 그 탱크를 사용하는(@Test로 표기된) 두 가지 테스트에 쓰입니다. 클래스 최상단에 위치하다 보니 맨 먼저 읽힙니다. 배치는 좋은데 클래스 전체를 맨 위부터 아래까지 읽는다면 **매** 단일 테스트 메서드마다 설정 메서드의 역할을 다시 떠올려야 합니다. 테스트가 더 이상 독립적이지 않죠.

테스트가 매우 많으면 어떨까요? 탱크가 처음에 어떤 상태였는지 쉽게 잊어버릴 거예요. 또는 클래스 전체를 읽지 않는다면? 테스트는 어떤 시점에 갑자기 실패할 수 있습니다. 그러면 실패한 테스트 메서드로 바로 갈 테니 given 부분을 전혀 찾을 수 없겠죠. 설정 메서드를 찾아 스크롤해야 합니다. 상속 계층 구조를 들여다보아야 할 수도 있습니다.

물론 위 예제에서는 쉽습니다. 하지만 여러 설정 메서드가 클래스 계층 구조에 걸쳐 퍼져 있고 테스트가 수백 개 있는 실제 프로젝트의 테스트를 생각해보세요. 매우 힘들 거예요.

비결은 테스트와 설정 코드를 더 분명히 연결 짓는 것입니다.

```
class OxygenTankTest {
    static OxygenTank createHalfFilledTank() {
        OxygenTank tank = OxygenTank.withCapacity(10_000);
        tank.fill(5_000);
        return tank;
    }
```

```
@Test
void depressurizingEmptiesTank() {
    OxygenTank tank = createHalfFilledTank();

    tank.depressurize();

    Assertions.assertTrue(tank.isEmpty());
}

@Test
void completelyFillTankMustBeFull() {
    OxygenTank tank = createHalfFilledTank();

    tank.fillUp();

    Assertions.assertTrue(tank.isFull());
}
}
```

근본적으로 테스트를 독립적으로 만들었습니다. given, when, then 부분을 하나의 테스트 메서드 안에서 바로 연결해야 독립적인 테스트가 됩니다.

테스트의 given 부분을 @BeforeEach 설정 메서드로 분리하는 대신 각 테스트에 다시 넣었습니다. 중복 코드를 만들었다는 뜻이 아닙니다. 설정 부분을 의미있는 이름인 createHalfFilledTank()라고 명명해 static 메서드로 분리했을뿐입니다.

이제 각 테스트를 독립적으로 이해할 수 있고 위치를 옮겨가며 암묵적으로 연결된 설정 로직을 찾지 않아도 됩니다. 어떤 테스트를 한 테스트 클래스에서 다른 테스트 클래스로 옮기기도 쉬워졌습니다. 암묵적 종속성이 없으니까요. 뭔가 깜빡 잊더라도 컴파일러가 알려줄 거예요. 테스트가 독립적이고 모든 종속성이 명시적이어서 가능한 일입니다.

한마디로 말해 @BeforeEach와 @BeforeAll 표기가 아무리 흔히 쓰이는 용법이더라도 가능하면 쓰지 마세요. 두 표기가 만들어내는 암묵적 종속성을 프레임워크는 쉽게 처리할 수 있지만 프로그래머로서는 코드를 읽기 힘들어집니다.

테스트가 독립적이고 테스트 메서드만 보아도 코드 스크롤 없이 전체 테스트를
이해할 수 있다면 더 훌륭한 테스트입니다. 테스트 설정에 변수가 세 개 이상
들어가면 @BeforeEach 대신 테스트 전체를 설정하는 클래스를 생성하세요.

6.8 테스트 매개변수화

```
class DistanceConversionTest {

    @Test
    void testConversionRoundTrip() {
        assertRoundTrip(1);
        assertRoundTrip(1_000);
        assertRoundTrip(9_999_999);
    }

    private void assertRoundTrip(int kilometers) {
        Distance expectedDistance = new Distance(
                DistanceUnit.KILOMETERS,
                kilometers);
        Distance actualDistance = expectedDistance
                .convertTo(DistanceUnit.MILES)
                .convertTo(DistanceUnit.KILOMETERS);
        Assertions.assertEquals(expectedDistance, actualDistance);
    }
}
```

메서드 하나 또는 메서드 사슬을 같은 방법으로 테스트하되 여러 다양한 입력
매개변수로 테스트해야 할 때가 있습니다. 메서드가 넓은 범위의 값에 대해 잘
동작하는지 알고 싶을 때요. 위 코드에서 보듯이 테스트 메서드의 매개변수로
열거하면 쉽지만 테스트가 복잡해집니다.

위 메서드는 거리 값의 단위를 바꾸었다가 원래대로 다시 변환해도 결과가 같은지 테스트합니다. 메서드에서 문제점을 찾았나요? 언뜻 보면 명쾌하고 읽기 쉬워 보입니다. 프라이빗 메서드인 assertRoundTrip()도 given-when-then 구조를 잘 따르고 있고요.

테스트를 실행했다고 가정해봅시다. 첫 번째 어서션인 assertRoundTrip(1) 호출부터 실패한다면 어떻게 될까요? JUnit은 전체 테스트를 실패했다고 표시하고 정수 1000과 9999999로 된 나머지 두 어서션을 건너 뜁니다. assertRoundTrip(1)을 실패시킨 버그를 수정하고 테스트를 다시 실행하면 두 번째 어서션인 assertRoundTrip(1000)마저 실패한다는 사실만 알게 될 뿐입니다. 즉 어서션은 뒤이어 나오는 어서션을 숨겨버립니다.

매개변수 집합을 순회하는 for 루프를 테스트 메서드에 넣어도 이 문제는 고칠 수 없습니다. 유일한 방법은 매개변수별로 각 테스트를 실행하고 테스트당 어서션을 하나씩 넣는 것 뿐입니다. 테스트 메서드를 새로 추가하기는 어렵지 않지만 정수 30개를 테스트하려면 어떨까요? 코드 중복이 엄청나겠죠.

다행히 JUnit에는 이러한 상황에 딱 맞는 특수한 어서션이 있습니다.

```java
class DistanceConversionTest {

    @ParameterizedTest(name = "#{index}: {0}km == {0}km->mi->km")
    @ValueSource(ints = {1, 1_000, 9_999_999})
    void testConversionRoundTrip(int kilometers) {
        Distance expectedDistance = new Distance(
                DistanceUnit.KILOMETERS,
                kilometers
        );

        Distance actualDistance = expectedDistance
            .convertTo(DistanceUnit.MILES)
            .convertTo(DistanceUnit.KILOMETERS);

        Assertions.assertEquals(expectedDistance, actualDistance);
    }
}
```

위 방법은 @ParameterizedTest와 @ValueSource 표기로 테스트를 매개변수화
합니다. 이렇게 하면 **매개변수**(예를 들어 입력과 기대 출력)를 실제 **테스트 코드**
와 분리시킬 수 있습니다. 실행해보면 JUnit은 각 매개변수마다 별개의 테스트
를 실행합니다.

@ValueSource(ints = { ⋯ }) 표기에서는 매개변수를 정수 배열로 선언했습
니다. 예제의 경우 값을 원래대로 돌리는 테스트를 수행하므로 다행히 입력과
기대 출력이 서로 부합합니다. 그냥 예외가 전혀 일어나지 않기를 바랄 때도 있
습니다.**(6.5 예외 처리는 JUnit에 맡기기(167쪽) 참조)**

또한 @ParameterizedTest(name="") 안에 name 변수를 넣어 **6.6 테스트 설명하
기(169쪽)**도 적용했습니다. {index} 변수로 테스트의 인덱스를 참조하고 중괄
호로 테스트 메서드의 인수도 참조합니다. {0}은 첫 번째 인수를 뜻하는데 예
제에서는 인수가 오직 하나였습니다. 이렇게 바꿈으로써 마치 전체 테스트를
압축해놓은 것처럼 테스트 설명이 읽힙니다.

CSV 파일과 같은 외부 소스나 메서드 반환값을 매개변수로 넣을 수도 있고 위
코드에서처럼 명시적으로 넣을 수도 있습니다. 경험상 매개변수가 몇 개 안 되
면 명시적으로 선언하는 편이 낫습니다. 매개변수가 많으면 CSV 파일이나 메
서드 반환값이 더 낫고요.

6.8 테스트 매개변수화(175쪽)는 시작일 뿐입니다. 다음 순서는 입력과 기대 출력
을 자동으로 생성하는 junit-quickcheck와 같은 속성(property) 기반 테스트 라
이브러리입니다.[*] 이러한 기법을 사용하면 코드에서 큰 매개변수 리스트를 굳
이 관리하지 않아도 넓은 범위의 매개변수를 쉽게 처리할 수 있습니다.

---

[*] https://github.com/pholser/junit-quickcheck

6.9 경계 케이스 다루기

```
class TransmissionParserTest {

    @Test
    void testValidTransmission() {
        TransmissionParser parser = new TransmissionParser();

        Transmission transmission = parser.parse("032Houston, UFO sighted!");

        Assertions.assertEquals(32, transmission.getId());
        Assertions.assertEquals("Houston, UFO sighted!",
                transmission.getContent());
    }
}
```

불가능이 없는 세계에서는 온갖 입력 매개변수를 모두 테스트하겠죠. 하지만 실제로는 그렇게 쉽지 않습니다. 간단한 32비트 정수에만 2의 32승 개만큼의 테스트가 필요하죠. 무려 40억 개가 넘습니다! 경우의 수를 모두 테스트하지 말고 가장 틀리기 쉬운 일반적인 실행 경로와 설정을 다루어야 합니다. 달리 말해 경계 케이스(edge case)를 다루어야 합니다.

위 코드에는 테스트가 한 개입니다. 유효한 입력(String 메시지)이 전형적인 출력(비어 있지 않은 Transmission)을 생성하는 일반적인 실행 경로를 테스트합니다. 하지만 일반적이지 않은 입력 문자열이 들어오면 어떻게 될까요?

- null (null 참조)
- "" (빈 문자열)
- " " (여백 문자만 포함하는 문자열)
- 또는 "a\nt finan\nb" (영문자가 아닌 특수문자를 포함하는 String)

일반적인 입력도 다양한 버전으로 테스트할 수 있지만 일반적으로 위에 나열한 입력들이 시스템 내 버그를 더 잘 찾습니다.

경계 케이스는 코드의 일부와 깊은 연관이 있지만 일반적으로 매개변수의 데이터 타입 경계 정도는 최소한 테스트해야 합니다. 위 예제에서는 String을 알아보았으니 다른 예를 좀 더 보여드리겠습니다.

- int: 0, 1, -1, Integer.MAX_VALUE, Integer.MIN_VALUE
- double: 0, 1.0, -1.0, Double.MAX_VALUE, Double.MIN_VALUE
- Object[]: null, {}, {null}, {new Object(), null}
- List<Object>: null, Collections.emptyList(), Collections.singletonList(null), Arrays.asList(new Object(), null)

많이 나열했지만 전부는 아닙니다. 예를 들어 이메일 주소나 업로드한 사진의 경계 케이스는 무엇일까요? 예제에서는 어떤 전송 문자열이 경계 케이스일까요? 경계 케이스는 더 샅샅이 테스트할 수 있는 최적의 후보입니다.

예제에서는 어떤 경계 케이스를 다루어야 할지 살펴봅시다.

```
class TransmissionParserTest {

    @Test
    void testValidTransmission() {
        TransmissionParser parser = new TransmissionParser();

        Transmission transmission = parser.parse("032Houston, UFO sighted!");

        Assertions.assertEquals(32, transmission.getId());
        Assertions.assertEquals("Houston, UFO sighted!",
                transmission.getContent());
    }

    @Test
    void nullShouldThrowIllegalArgumentException() {
        Executable when = () -> new TransmissionParser().parse(null);
        Assertions.assertThrows(IllegalArgumentException.class, when);
    }
```

```
@Test
void malformedTransmissionShouldThrowIllegalArgumentException() {
    Executable when = () -> new TransmissionParser().parse("t͡ɬɪŋan");
    Assertions.assertThrows(IllegalArgumentException.class, when);
}
}
```

테스트 두 개를 새로 추가했습니다. 하나는 null, 하나는 "t͡ɬɪŋan"을 테스트합니다. 두 테스트 모두 파서에서 입력이 유효하지 않다는 뜻의 IllegalArgument Exception이 발생해야 합니다. null 검증은 최악의 결과로 이어지는 표준 경계 케이스입니다. 또 다른 테스트는 무작위로 입력된 기형 문자열을 포함하는 다양한 유니코드 기호로 이루어진 입력을 처리합니다.*

물론 테스트를 더 추가할 수도 있었습니다. 예를 들어 기대한 형식에서 살짝 벗어난 메시지나 메시지 부분들의 순서가 뒤바뀐 경우 등이죠. 상상하자면 끝이 없습니다. 하지만 테스트는 경제적이어야 합니다. 방금 언급한 테스트는 위 경계 케이스보다 버그를 찾을 가능성이 희박합니다. 테스트에서 다루지 않았던 버그를 발견하면 버그가 제대로 고쳐졌는지 확인하기 위해 테스트를 더 추가할 수도 있습니다.

경계 케이스는 주로 유효하지 않은 값이지만 반드시 그래야 하는 것은 아닙니다. 특정 입력 그룹에 대해 동작하게 하고 싶을 때도 있습니다. 이때도 마찬가지로 실제로 동작하는지 테스트해야 합니다.

---

* "t͡ɬɪŋan"은 사실 "Klingon"이라는 단어를 뜻하는 클링온(스타트렉에 나오는 외계인)어입니다. 이 언어를 프로그램에서 지원할 일은 아마도 없겠지만 중국어나 터키어라면 어떨까요? 이러한 언어에 대해서도 프로그램이 잘 동작하나요?

6.10 6장에서 배운 내용

코드 테스트가 없으면 정교한 소프트웨어를 만들 수 없습니다. 때로는(이라고 쓰고 매우 자주라고 읽읍시다) 실제 기능을 구현한 코드보다 더 많거나 훨씬 많은 테스트 코드를 작성하기도 합니다. 테스트할 실제 소스 코드를 작성하기 전에 먼저 테스트를 작성하고 테스트가 프로그램 디자인을 주도하게 하는 테스트 주도 개발을 시도할 수도 있습니다. 테스트가 매우 중요하다는 것은 누구나 압니다! 그러니 테스트 집합을 잘 디자인해야 하고 최고 수준까지 끌어올려야 합니다.

테스트는 간결하고 핵심을 전달해야 합니다. 어떤 테스트 하나가 실패할 때마다 어디서부터 오류를 찾아야 하는지 코드에서 매우 명확히 알려주어야 하죠. 6장의 비교 대부분은 이러한 측면에 초점을 맞추었습니다. 이해하기 쉽도록 given-when-then으로 테스트를 조직하는 템플릿을 보여드렸습니다. 테스트가 왜 독립적이어야 하는지 알았고 표기를 통해 테스트를 설명하고 적절한 어서션을 선택함으로써 테스트의 이해도를 어떻게 향상시키는지 배웠습니다. JUnit 테스트를 사용하면서 흔히 저지르는 몇 가지 실수, 예를 들어 기댓값과 실제값을 혼동하거나 정확도 수준을 잘못 선택하는 경우도 알아보았습니다. 마지막으로 테스트 코드량은 줄이면서 큰 코드 기반을 테스트할 수 있는 몇 가지 비법을 배웠다는 점도 중요합니다. 주요 설정이나 경계 케이스를 테스트하거나 테스트를 매개변수화함으로써요.

6장에서는 JUnit 프레임워크로 무엇을 할 수 있는지 처음으로 살짝 살펴보았습니다. 할 수 있는 일이 정말 많았는데요. 실제로 JUnit은 6장에서 적절히 다룰 수 없을 만큼 매우 많은 기능을 하지만 이 책을 JUnit 단위 테스트로 채울 수는 없었습니다. 단지 몇 가지 모범 사례로 JUnit을 시작할 수 있도록 도와주려는 것이었죠. 다행히 〈자바와 JUnit을 활용한 실용주의 단위 테스트〉(길벗, 2019)라는 책이 이미 나와 있습니다.

테스트 코드 디자인을 배웠으니 7장으로 넘어갈 준비가 되었습니다. 실제 소스 코드로 다시 돌아가 디자인을 자세히 살펴보아야 할 때입니다. 이제부터 프로그램을 더 객체 지향적이고 강력하게 만드는 데 적용할 수 있는 여러 디자인 원리를 배워보겠습니다.

7 장

객체 디자인

컴퓨터 과학의 모든 문제는 또 다른 간접 계층을 추가해 풀 수 있다. 하지만 대부분 또 다른 문제를 양산한다.

– 데이비드 휠러

많은 분야에서 디자인을 중시합니다. 어느 건축가가 완벽히 기능하고 바로 입주할 수 있는 집을 지었다고 가정해봅시다. 지붕과 창, 전기, 깨끗한 물, 난방 등 모든 요소가 준비되어 있고 동작하는 집이요.

그래도 살고 싶지 않을 수가 있습니다. 보기 흉하다는 이유로요. 벽과 천장이 온통 네온색이면 비로부터는 지켜주겠지만 밝은 색상을 계속 쳐다보는 것은 부담스럽거나 불편하겠죠. 거실 중앙에 놓인 기둥은 지붕을 받쳐주지만 소파에 앉아 TV를 보는 데는 방해가 되니까요.

다소 과장했지만(당연히 과장이어야겠죠!) 짜증날 만한 좀 더 작은 결함이 새 집에 있을 수도 있습니다.

그래서 디자인이 필요합니다. 집은 기능만 해서는 안 됩니다. 건축가는 아름답고 편리하게 지어야 합니다. 자바의 클래스와 객체도 마찬가지입니다. 올바르게 기능만 해서는 부족합니다. 보기 좋아야 하고 사용하기도 편해야 하죠.

집을 디자인할 때 건축가는 여러 사소한 비결을 적용합니다. 디자인 원리가 숨어 있다는 것을 짐작조차 못할 만큼 매우 사소한 비결요. 자바의 객체 지향 디자인도 마찬가지입니다. 프로그램 디자인에 적용할 만한 소소한 비결이 많습니다.

7장은 바로 이러한 비결(이라고 쓰고 모범 사례라고 읽읍시다)을 다룹니다. 더 객체 지향적이고(아름답고) 강력한(편리한) 코드를 만드는 데 유용하게 쓰일 자바의 가장 보편적인 디자인 원리를 강조하겠습니다.

7장에서 배울 모범 사례는 새로운 코드를 작성하는 데만 한정되지 않습니다. 시스템을 테스트하는 등 기존 코드를 향상시키는 데도 유용합니다.

7.1 불 매개변수로 메서드 분할

```
class Logbook {

    static final Path CAPTAIN_LOG = Paths.get("/var/log/captain.log");
    static final Path CREW_LOG = Paths.get("/var/log/crew.log");

    void log(String message, boolean classified) throws IOException {
        if (classified) {
            writeMessage(message, CAPTAIN_LOG);
        } else {
            writeMessage(message, CREW_LOG);
        }
    }

    void writeMessage(String message, Path location) throws IOException {
        String entry = LocalDate.now() + " " + message;
        Files.write(location, Collections.singleton(entry),
                StandardCharsets.UTF_8, StandardOpenOption.APPEND);
    }

}
```

일반적으로 메서드는 하나의 작업에만 특화되어야 합니다. 불 메서드 매개변수는 메서드가 적어도 두 가지 작업을 수행함을 뜻합니다.

위 예제는 Logbook 클래스를 수정한 버전입니다. log() 메서드의 boolean 매개변수를 사용해 메시지를 공개와 비공개 메시지로 나눕니다. 아래처럼 사용합니다.

```
logbook.log("Aliens sighted!", true);
logbook.log("Toilet broken.", false);
```

코드에 버그는 없지만 읽기 불편하고 구조화가 덜 되었습니다. 코드를 읽으면 누구나 불 매개변수의 목적을 알 수 있어야 합니다. 설령 목적을 알아채더라도 잘못 해석해 승무원 로그에 비공개 메시지를 작성할 위험이 있습니다.

boolean 값을 메서드 매개변수로 사용하면 메서드가 두 개 이상의 작업을 한 다는 사실을 분명히 드러낼 수 있습니다. 때로는 괜찮지만 호출하는 편에서는 boolean 매개변수가 실제로 어떤 역할을 하는지 알기 어려워 일반적으로 코드 를 이해하기 어려워집니다. 게다가 두 로그는 서로 연관되어 있습니다. 같은 메 서드에서 처리되다보니 기장의 로그 로직을 변경하면 승무원 로그에도 영향을 미칠 위험이 있습니다. 이러한 결과는 원하지 않겠죠?

어떻게 향상시킬 수 있는지 살펴봅시다.

```java
class Logbook {

    static final Path CAPTAIN_LOG = Paths.get("/var/log/captain.log");
    static final Path CREW_LOG = Paths.get("/var/log/crew.log");

    void writeToCaptainLog(String message) throws IOException {
        writeMessage(message, CAPTAIN_LOG);
    }
    void writeToCrewLog(String message) throws IOException {
        writeMessage(message, CREW_LOG);
    }

    void writeMessage(String message, Path location) throws IOException {
        String entry = LocalDate.now() + " " + message;
        Files.write(location, Collections.singleton(entry),
                StandardCharsets.UTF_8, StandardOpenOption.APPEND);
    }
}
```

입력 매개변수에 boolean이 쓰인 메서드라면 메서드를 여러 개로 분리함으로 써 코드가 향상될 가능성이 높습니다.

방법은 boolean인 메서드 매개변수를 제거하고 이 매개변수로 구분하던 각 제 어 흐름 경로마다 새 메서드를 추가하는 것입니다. 더 나아가 새 메서드에 표현적이면서도 의미 있는 이름을 지어주어 코드 가독성까지 높일 수 있습니다!

이에 따라 위 코드에서도 `writeToCaptainLog()`와 `writeToCrewLog()`라는 두 메서드를 새로 추가했습니다. 이제 아래처럼 용법이 바뀝니다.

```
logbook.writeToCaptainLog("Aliens sighted!");
logbook.writeToCrewLog("Toilet broken. Again…");
```

보다시피 이전 버전보다 훨씬 읽기 쉽습니다. 메서드명을 보면 메시지가 어떤 로그에 속하는지 분명히 알 수 있고 호출하는 코드만 보아도 메서드가 무엇을 하는지 알 수 있습니다.

> **훌륭한 디자인은 결코 쉽지 않다**
>
> 무엇이 훌륭한 디자인인지 처음부터 제대로 이해하는 것은 불가능에 가깝습니다. 달리 보면 객체 지향 디자인에 능숙할수록 부르는 곳이 많을 테니 희소식인 것은 분명합니다. 하지만 코드에서 잘못된 줄을 찾는 것보다 잘못된 디자인과 옳은 디자인을 구분하는 것이 더 어렵습니다. 훌륭한 디자인이란 별로 명확하지 않고 직관과 "감정"까지 요구합니다. 현실적으로 이러한 직관을 쌓는 유일한 방법은 코딩을 많이 해보고 다양한 디자인을 시도해보면서 무엇이 실패하고 무엇이 옳게 느껴지는지 깨닫는 것뿐입니다.

JAVA BY COMPARISON

7.2 옵션 매개변수로 메서드 분할

```java
class Logbook {

    static final Path CREW_LOG = Paths.get("/var/log/crew.log");

    List<String> readEntries(LocalDate date) throws IOException {
        final List<String> entries = Files.readAllLines(CREW_LOG,
            StandardCharsets.UTF_8);
```

```
    if (date == null) {
        return entries;
    }

    List<String> result = new LinkedList<>();
    for (String entry : entries) {
        if (entry.startsWith(date.toString())) {
            result.add(entry);
        }
    }
    return result;
}
```

7.1 불 매개변수로 메서드 분할(185쪽)에서 보았던 불은 단순히 메서드 표시자라고 하기에는 너무 많은 역할을 했습니다. 옵션 매개변수도 마찬가지인데 다만 찾기가 더 어렵습니다.

이번에는 readEntries()라는 메서드로 로그로부터 데이터를 어떻게 읽을지 살펴보겠습니다. 로그 항목마다 날짜가 있으니 입력 매개변수인 date로 명시해 항목을 선택할 수 있습니다. 실제 날짜 값이 아닌 null을 삽입하면 readEntries()는 로그 항목 전체를 반환합니다. 아래처럼 사용합니다.

```
List<String> completeLog = logbook.readEntries(null);

final LocalDate moonLanding = LocalDate.of(1969, Month.JULY, 20);
List<String> moonLandingLog = logbook.readEntries(moonLanding);
```

null을 쓸 수 있다는 것은 본질적으로 date 매개변수가 선택사항이라는 뜻입니다. boolean 메서드 매개변수를 다른 형태로 바꾸었을 뿐이죠.

앞의 비교에서처럼 옵션 매개변수를 포함하는 메서드도 두 가지 이상의 작업을 수행합니다. 더 심각한 문제는 null 매개변수로 메서드를 호출했을 때 기대하는 바를 가늠하기 어렵다는 것입니다.

아래처럼 리팩터링할 수 있습니다.

```
class Logbook {

    static final Path CREW_LOG = Paths.get("/var/log/crew.log");

    List<String> readEntries(LocalDate date) throws IOException {
        Objects.requireNonNull(date);

        List<String> result = new LinkedList<>();
        for (String entry : readAllEntries()) {
            if (entry.startsWith(date.toString())) {
                result.add(entry);
            }
        }
        return result;
    }

    List<String> readAllEntries() throws IOException {
        return Files.readAllLines(CREW_LOG, StandardCharsets.UTF_8);
    }
}
```

문제를 해결한 방식은 근본적으로 **7.1 불 매개변수로 메서드 분할(185쪽)**에서와 같습니다. 메서드를 메서드 두 개로 분할했죠. 각각 제어 흐름 분기를 하나씩 표현합니다.

위 코드의 readEntries() 메서드는 date를 선택 매개변수로 더 이상 허용하지 않는 대신 NullPointerException을 던집니다. 선택 매개변수라는 의미는 이제 매개변수가 필요 없는 readAllEntries() 메서드에 들어 있습니다. 이렇게 바꾸었더니 사용하기도 더 쉽습니다. 아래처럼 용법이 바뀝니다.

```
List<String> completeLog = logbook.readAllEntries();

final LocalDate moonLanding = LocalDate.of(1969, Month.JULY, 20);
List<String> moonLandingLog = logbook.readEntries(moonLanding);
```

보다시피 메서드명을 통해 모든 항목을 읽겠다고 명확히 전달하니 훨씬 이해하기 쉽습니다. null 입력값만 제거했을 뿐 나머지는 readEntries() 용법 그대로입니다.

가독성이 높아진 덕분에 코드에서 명시적으로 null을 사용할 필요도 없습니다. null 값을 없앨수록 의도치 않게 NullPointerException이 일어날 가능성도 줄어듭니다.

7.3 구체 타입보다 추상 타입

```java
class Inventory {
    LinkedList<Supply> supplies = new LinkedList();

    void stockUp(ArrayList<Supply> delivery) {
        supplies.addAll(delivery);
    }

    LinkedList<Supply> getContaminatedSupplies() {
        LinkedList<Supply> contaminatedSupplies = new LinkedList<>();
        for (Supply supply : supplies) {
            if (supply.isContaminated()) {
                contaminatedSupplies.add(supply);
            }
        }
        return contaminatedSupplies;
    }
}
```

자바 API만 보아도 알 수 있듯이 인터페이스와 클래스는 흔히 광범위한 타입 계층 구조를 형성합니다. 변수에 더 추상적인 타입을 사용할수록 코드는 더 유연해지죠.

위 코드는 Inventory 시스템의 일부입니다. getContaminatedSupplies() 메서

드는 stockUp( ) 메서드를 통해 생성한 Supply 객체들의 LinkedList를 순회합
니다. 아래처럼 위 클래스를 사용합니다.

```
Stack<Supply> delivery = cargoShip.unload();
ArrayList<Supply> loadableDelivery = new ArrayList<>(delivery);
inventory.stockUp(loadableDelivery);
```

위 예제에서는 Stack을 사용해 제품을 후입 선출(LIFO, Last-In-First-Out) 순으로
전달합니다. 불행히도 Inventory에 제품을 채우려면 ArrayList가 필요합니다.
그래서 제품을 ArrayList로 옮겨야 합니다.

Inventory에 ArrayList를 넣으면 stockUp( ) 메서드가 제품을 내부 LinkedList
로 옮깁니다. 이후 최종적으로 getContaminatedSupplies( )가 LinkedList에서
변질된 제품을 골라냅니다.

보다시피 여러 자료 구조 타입 간 변환이 많은데 그중 대부분은 실제로 불필요
합니다. 게다가 Inventory를 변경할 경우, 다른 부분에 쉽게 영향을 미칩니다.

추상 타입을 사용하면 이러한 문제를 해결할 수 있습니다.

```
class Inventory {
    List<Supply> supplies = new LinkedList();

    void stockUp(Collection<Supply> delivery) {
        supplies.addAll(delivery);
    }

    List<Supply> getContaminatedSupplies() {
        List<Supply> contaminatedSupplies = new LinkedList<>();
        for (Supply supply : supplies) {
            if (supply.isContaminated()) {
                contaminatedSupplies.add(supply);
            }
        }
        return contaminatedSupplies;
    }
}
```

세 가지 측면에서 앞의 코드와 다릅니다.

첫째, supplies 필드에 LinkedList 대신 List 인터페이스 타입을 사용합니다. 이로써 제품은 (ArrayList 배열에 또는 LinkedList의 링크드 래퍼 객체를 통해) 순서대로 저장되지만 어떻게 저장되는지는 알 수 없습니다.

둘째, stockUp() 메서드가 어떤 Collection이든 허용합니다. Collection은 자바에서 자료 구조에 객체를 저장하는 가장 기본적인 인터페이스입니다. 다시 말해 Collection의 어떤 하위 타입이든, 즉 자바의 어떤 복잡한 자료 구조이든 이 메서드로 전달할 수 있다는 뜻이죠.

셋째, getContaminatedSupplies() 메서드가 더 구체적인 타입이 아닌 List를 반환합니다. 제품은 반드시 정렬된 상태로 반환되지만 내부적으로 리스트를 어떻게 구현했는지는 알려지지 않습니다. 이로써 코드가 더 유연해집니다.

```
Stack<Supply> delivery = cargoShip.unload();
inventory.stockUp(delivery);
```

Stack이 Collection이니 이제 Inventory는 아무 변환없이 바로 Stack을 받아들입니다. 심지어 Inventory는 Set이나 List, 필요하다면 Vector와 그 외 특수한 목적으로 만들어진 자료 구조까지 로드할 수 있습니다.

7.4 가변 상태보다 불변 상태 사용하기

```
class Distance {
    DistanceUnit unit;
    double value;

    Distance(DistanceUnit unit, double value) {
```

```
        this.unit = unit;
        this.value = value;
    }

    static Distance km(double value) {
        return new Distance(DistanceUnit.KILOMETERS, value);
    }

    void add(Distance distance) {
        distance.convertTo(unit);
        value += distance.value;
    }

    void convertTo(DistanceUnit otherUnit) {
        double conversionRate = unit.getConversionRate(otherUnit);
        unit = otherUnit;
        value = conversionRate * value;
    }
}
```

기본적으로 객체의 상태는 불변입니다. 가능하면 객체를 불변으로 만들어야 잘못 사용할 경우가 적습니다.

위 코드는 비행 계획을 세우는 데 필요한 거리를 계산하고 변환합니다. 코드에 바로 보이는 버그는 없지만 Distance 클래스를 오용할 여지가 있다는 점이 문제입니다. 아래 코드를 생각해봅시다.

```
Distance toMars = new Distance(DistanceUnit.KILOMETERS, 56_000_000);
Distance marsToVenus = new Distance(DistanceUnit.LIGHTYEARS, 0.000012656528);
Distance toVenusViaMars = toMars;
toVenusViaMars.add(marsToVenus);
```

지구에서 화성까지의 거리를 toMars로, 화성에서 금성까지의 거리를 marsToVenus 변수로 생성합니다. 이어서 지구에서 화성에 들렀다가 금성까지 가는 거리를 toVenusViaMars 변수에 계산합니다.

문제는 toVenusViaMars와 toMars가 가리키는 객체가 같다는 점입니다.

toVenusViaMars.add(marsToVenus)를 호출하면 toMars의 값까지 간접적으로
변경하는 셈이죠. 나중에 toMars를 재사용하면 잘못된 거리값이 나옵니다! 특
히 어떤 코드든 toMars 인스턴스를 변경할 수 있는 더 큰 애플리케이션이라면
더 큰 문제겠죠.

컴파일러로 미연에 방지할 수 있습니다.

```java
final class Distance {
    final DistanceUnit unit;
    final double value;

    Distance(DistanceUnit unit, double value) {
        this.unit = unit;
        this.value = value;
    }

    Distance add(Distance distance) {
        return new Distance(unit, value + distance.convertTo(unit).value);
    }

    Distance convertTo(DistanceUnit otherUnit) {
        double conversionRate = unit.getConversionRate(otherUnit);
        return new Distance(otherUnit, conversionRate * value);
    }
}
```

객체는 유효하지 않은 변경이 일어나지 않도록 스스로 보호해야 하는데 가변성
을 제한하면 가능합니다.

위 코드에서 final 키워드를 어떻게 사용했는지 보세요. 생성자의 value와
unit 필드에 final 키워드를 설정했기 때문에 이후로는 바꿀 수 없습니다. 거
리를 계산하려면 매번 새로운 인스턴스가 필요합니다.

```java
Distance toMars = new Distance(DistanceUnit.KILOMETERS, 56_000_000);
Distance marsToVenus = new Distance(DistanceUnit.LIGHTYEARS, 0.000012656528);
Distance toVenusViaMars = toMars.add(marsToVenus)
                                .convertTo(DistanceUnit.MILES);
```

보다시피 이전과 같은 실수를 더 이상 저지를 수 없습니다. Distance의 불변 상태 덕분이죠. 객체를 더 많이 생성한다는 단점은 있지만 자바에서 작은 객체는 적은 비용이 듭니다.

소프트웨어 디자인 관점에서 이 방법은 소위 **값 객체**(Value Object)*를 처리하는 방법으로서 여기에는 백분율, 돈, 통화, 시간, 날짜, 좌표, 당연히 거리도 포함됩니다. 이러한 객체는 값이 서로 같으면 구분하기 어렵습니다. 서로 다른 객체가 각각 10$를 표현하고 있더라도 $10는 $10죠. 그러니 **값 객체**에 항상 주의하고 불변으로 만들어야 합니다!

클래스 정의 앞에 final 키워드를 붙이는 경우는 클래스를 더 이상 확장할 수 없게 하려는 의도임을 알아두세요. 이때는 언제든지 가변 상태를 다시 추가할 수 있습니다.

7.5 상태와 동작 결합하기

```
class Hull {
    int holes;
}

class HullRepairUnit {

    void repairHole(Hull hull) {
        if (isIntact(hull)) {
            return;
        }
        hull.holes--;
    }
```

---

* https://martinfowler.com/bliki/ValueObject.html

```
    boolean isIntact(Hull hull) {
        return hull.holes == 0;
    }
}
```

상태와 동작의 결합은 객체 지향 프로그래밍의 기본 틀 중 하나입니다. 동작만 있고 상태가 없는 클래스는 객체 지향 디자인에 문제가 있다는 뜻입니다.

위 코드에서 Hull 클래스는 상태를 표현하고 holes의 개수를 저장합니다. HullRepairUnit은 holes를 수정함으로써 동작을 표현합니다.

보다시피 상태와 동작이 별개 클래스로 나뉘어 있습니다. 초보자는 코드에서 종종 이렇게 분리합니다. User와 UserController 또는 Order와 OrderManager 등이 흔한 예입니다.

문제는 이렇게 분리하면 정보 은닉(information hiding)이 불가능해지고 코드가 더 장황해진다는 점입니다. Hull 클래스는 HullRepairUnit에게 자신의 상태에 대한 읽기와 (훨씬 안 좋은) 쓰기 접근을 제공해야 합니다. 이러한 방식으로는 다른 객체가 홀 개수에 접근하고 수정하는 것을 막기 어렵습니다. 게다가 hull 매개변수도 검증하지 않습니다.

상태와 동작이 분리되었는지 알아채기 어려운 경우도 가끔 있습니다. 경험에 비추어보면 일단 너무 큰 클래스나 자신에게 속한 메서드 매개변수만 연산하는 클래스를 찾습니다. 그리고 비슷한 작업을 수행하는 변수와 메서드를 하나의 클래스로 묶어 클래스를 간소화해보세요. 마지막으로 전후(before-and-after) 비교를 수행해 디자인이 정말 좋아졌는지 확인합니다.

상태와 동작을 어떻게 결합해야 더 합당한지 알아봅시다.

```
class Hull {
    int holes;

    void repairHole() {
        if (isIntact()) {
            return;
```

```
        }
        holes--;
    }

    boolean isIntact() {
        return holes == 0;
    }
}
```

코드가 훨씬 줄었습니다. `HullRepairUnit`은 완전히 사라졌습니다. 그 대신 `Hull` 스스로 수정합니다. 현실적으로 `Hull`을 수정하는 어떤 로봇이 있을 텐데 처음에는 다소 이상해보입니다. 하지만 프로그램에서 상태와 동작이 없는 단위라면 그러한 단위를 표현하는 클래스도 있으면 안 됩니다.

그 대신 `Hull` 클래스 스스로 기능을 제공합니다. 이와 비슷하게 다른 시스템 유형에 들어 있을 만한 `Order`나 `User`도 매니저, 컨트롤러, 서비스, 그 외 비상태 (stateless) 클래스 없이 스스로 기능을 제공할 수 있습니다.

일반적으로 이러한 방법으로 상태와 동작을 합칠 수 있습니다. 앞에서 클래스 두 개로 분리되었던 부분이 문제였는데요. 해법에서는 한 클래스 안에 매우 가까이 붙어 있습니다. 클래스의 메서드는 내부 상태를 직접 쉽게 처리할 수 있습니다. 메서드 매개변수 개수도 줄었고 메서드를 이해하기도 더 쉽습니다. 원래는 매개변수를 검증해야 했는데 하지 않아도 됩니다. 그뿐만 아니라 게터나 세터를 두어 `holes` 속성을 외부에 노출할 필요도 없습니다.

요약하면 메서드 내에서 입력 매개변수만 다루고 자신이 속한 클래스의 인스턴스 변수는 다루지 않는 경우를 유심히 살펴보아야 합니다. 이것은 상태와 동작이 분리되었다는 의미이고 이러한 메서드로는 정보 은닉이 불가능합니다. 너무 많은 정보가 공개되면 버그도 발생하기 쉽죠.

이러한 규칙을 어겨야 하는 프레임워크도 있습니다. 예를 들어 웹 프레임워크의 컨트롤러에는 필드 없이 메서드 매개변수만 있는 등 전형적으로 상태가 없습니다. 상태는 데이터베이스에 저장한 채 대량의 병렬 요청을 처리하는 컨트롤러를 많이 생성할 수 있어야 하는 디자인을 따라야 하거든요.

7.6 참조 누수 피하기

```java
class Inventory {

    private final List<Supply> supplies;

    Inventory(List<Supply> supplies) {
        this.supplies = supplies;
    }

    List<Supply> getSupplies() {
        return supplies;
    }
}
```

명백하지 않은(non-trivial) 객체에는 외부에서 접근할 수 있는 내부 상태가 거의 항상 있습니다. 이러한 상태를 어떤 방식으로 조작할지 신중히 결정해야 합니다. 그렇지 않으면 심각한 버그를 초래할 수 있습니다.

위 코드에서 예로 든 Inventory는 자료 구조를 포함하는 매우 일반적인 클래스입니다. 자료 구조는 외부에서 먼저 초기화된 후 Inventory의 생성자에 삽입됩니다. 클래스 자체로는 문제가 없지만 사용 예를 한 번 살펴봅시다.

```java
List<Supply> externalSupplies = new ArrayList<>();
Inventory inventory = new Inventory(externalSupplies);

inventory.getSupplies().size(); // == 0
externalSupplies.add(new Supply("Apple"));
inventory.getSupplies().size(); // == 1

inventory.getSupplies().add(new Supply("Banana"));
inventory.getSupplies().size(); // == 2
```

우선 빈 externalSupplies를 새 Inventory에 전달하고 이어서 getSupplies()
가 빈 리스트를 반환합니다. 하지만 inventory는 내부의 제품 리스트를 전
혀 보호하지 않습니다. externalSupplies 리스트에 제품을 추가하거나
getSupplies()가 반환한 리스트에 변경 연산을 수행하면 재고 상태가 바뀝니
다. supplies 필드에 final 키워드를 붙여도 이러한 동작을 막지 못 합니다! 그
뿐만 아니라 나중에 쉽게 예외를 발생시킬 수 있는 null마저 지금 당장 생성자
에 전달할 수도 있습니다.

원인은 메모리에 들어 있는 리스트가 new ArrayList<>()로 생성한 리스트 하
나뿐이기 때문입니다. inventory는 이 리스트로의 참조만 supplies 필드에 저
장하고 getSupplies()를 통해 그 참조를 반환합니다. 사실상 Inventory는 내
부 구조로의 참조를 게터를 통해 바깥에 노출하는 셈입니다. 정말 큰일입니다!
하지만 해결할 수 있습니다.

클래스 내부를 초기화한 후 조작되지 않도록 보호하려면 어떡해야 할까요?

```
class Inventory {

    private final List<Supply> supplies;

    Inventory(List<Supply> supplies) {
        this.supplies = new ArrayList<>(supplies);
    }

    List<Supply> getSupplies() {
        return Collections.unmodifiableList(supplies);
    }
}
```

위 코드의 Inventory는 내부 구조를 훨씬 더 잘 보호합니다. 전달한 리스트의
참조가 아니라 리스트 내 Supply 객체로 내부 ArrayList를 채웁니다. 그리고
null이 들어오면 바로 예외를 발생시킵니다.

또한 내부 리스트를 getSupplies()로 바로 노출하지 않고 unmodifiableList()로 래핑한 후 노출합니다. 이로써 읽기 접근만 가능하죠. 리스트에 원소를 추가하려면 이러한 기능을 하는 명시적인 메서드를 작성해야 합니다.

내부 ArrayList 인스턴스는 Inventory 내에서 프라이빗입니다. 인스턴스로의 참조가 클래스 밖으로 절대로 나가지 않습니다. 완전히 숨겨져 있죠. 보호받고 있고요. 이제 아래처럼 Inventory의 용법이 바뀝니다.

```
List<Supply> externalSupplies = new ArrayList<>();
Inventory inventory = new Inventory(externalSupplies);

inventory.getSupplies().size(); // == 0
externalSupplies.add(new Supply("Apple"));
inventory.getSupplies().size(); // == 0

// UnsupportedOperationException
inventory.getSupplies().add(new Supply("Banana"));
```

externalSupplies 리스트와 getSupplies()가 반환한 리스트 모두 조작할 수 없으니 inventory의 내부 상태에 전혀 영향이 없습니다. 게다가 getSupplies()가 반환한 리스트를 수정하려고 하면 UnsupportedOperationException이 발생하니 훨씬 더 낫습니다.

이러한 기법을 방어 복사(defensive copying)라고도 부릅니다. 전달된 자료 구조를 재사용하는 대신 복사본을 만들어 제어하니까요.

세터와 게터 둘 다 보호해야 한다는 사실을 항상 명심하세요. 물론 애당초 세터를 허용하지 않는 편이 훨씬 편합니다.

7.7 널 반환하지 않기

```
class SpaceNations {

    static List<SpaceNation> nations = Arrays.asList(
        new SpaceNation("US", "United States"),
        new SpaceNation("RU", "Russia")
    );

    static SpaceNation getByCode(String code) {
        for (SpaceNation nation : nations) {
            if (nation.getCode().equals(code)) {
                return nation;
            }
        }
        return null;
    }
}
```

메서드 호출 시 적절히 반환할 값이 없으면 그냥 null을 반환하는 프로그래머가 가끔 있습니다. 이것은 프로그램의 안정성(stability)을 크게 해칩니다!

위 예제에서는 국가 코드와 국가명 간 관계를 SpaceNations 클래스로 디자인했습니다. 사용법은 간단합니다. 어떤 String을 메서드로 전달하면 대응하는 SpaceNation 인스턴스가 반환되고 알려지지 않은 국가 코드면 null이 반환됩니다.

```
String us = SpaceNations.getByCode("US").getName();
// -> "United States"
String anguilla = SpaceNations.getByCode("AI").getName();
// -> NullPointerException
```

오류가 발생할 소지가 있습니다. 보다시피 알려지지 않은 국가 코드를 넣으면 NullPointerException이 쉽게 발생하거든요. 메서드가 null을 반환할 가능성이 있으니 매번 명시적으로 반환값을 확인해야 합니다. 그렇지 않으면 NullPointerException이 발생할 위험이 있습니다.

getByCode 메서드는 잘못된 디자인의 사례를 보여줍니다. null을 왜 검증해야 하는지 자세히 기록하더라도 결국 누군가는 잊어버리고 예외는 일어나기 마련입니다.

null이 부적절하다면 그 대신 무엇을 반환해야 할까요?

```java
class SpaceNations {

    /** 널 객체 */
    static final SpaceNation UNKNOWN_NATION = new SpaceNation("", "");

    static List<SpaceNation> nations = Arrays.asList(
        new SpaceNation("US", "United States"),
        new SpaceNation("RU", "Russia")
    );

    static SpaceNation getByCode(String code) {
        for (SpaceNation nation : nations) {
            if (nation.getCode().equals(code)) {
                return nation;
            }
        }
        return UNKNOWN_NATION;
    }
}
```

IllegalArgumentException이나 NoSuchElementException과 같은 예외를 던지는 방법도 있습니다. 예외를 통해 문제가 있다고 분명히 밝히는 것이죠. 이 경우, 호출하는 쪽에서 명시적으로 문제를 처리하도록 해야 합니다.

하지만 위 예제에서는 "널 객체 패턴(null object pattern)"을 권했습니다. null을 반환하는 대신 **널 객체**(null object), 즉 객체에 실질적인 값이 없음을 명시적으로 표현한 객체를 반환하는 방식입니다. 예제에서는 UNKNOWN_NATION이었죠. 이렇게 하면 프로그램 흐름을 방해하지 않으면서 예외를 피합니다.

```
String us = SpaceNations.getByCode("US").getName(); // -> "United States"
String anguilla = SpaceNations.getByCode("AI").getName(); // -> ""
```

UNKNOWN_NATION이 나올 경우, 어떻게 대응할지는 여전히 호출하는 쪽에 달려 있습니다. 다만 값을 무시하든 예외를 던지든 선택의 여지가 생겼다는 점이 다릅니다.

널 객체는 빈 문자열, 빈 컬렉션, 또는 예제에서처럼 특수 클래스 인스턴스 등 다양한 형태로 표현됩니다. 하지만 어떤 형태를 띠든 공통 목표는 "비용이 막대한 실수"가 일어나지 않게 하는 것입니다. 토니 호어(Tony Hoare)가 저술한 null 참조 소개를 참고하세요.

8.7 널 대신 옵셔널(223쪽)에서 어떤 값의 존재와 부재를 개발자가 어떻게 처리해야 하는지 보여드리겠습니다.

7.8 / 7장에서 배운 내용

누구나 훌륭한 디자인을 할 수 있습니다. 전체를 더 낫게 만드는 세세한 변경들이 모여 좋은 디자인을 만들어내고 그 방법은 클래스의 결함을 찾아내는 것입니다.

화면에 보이는 수많은 코드를 모두 직접 작성하지는 않았을 거예요. 따라서 코드 작성자가 어떤 근거로 디자인 결정을 내렸는지 알아내는 데 많은 노력을 기울여야 합니다. 게다가 코드 디자인은 항상 선택의 연속입니다. 각 대안이 가져올 득실을 따지는 것은 오직 개발자의 몫이고요. 가독성이나 테스트 가능성, 유지보수성, 성능 등 코드 속성에 영향을 미치는 여러 트레이드 오프를 유념해 사실에 근거한 결정을 내려야 합니다.

그중 일반적으로 성능은 최소한 개발 초기에는 가장 신경쓰지 않아도 되는 부분입니다. 앞으로 자주 보겠지만 C와 어셈블리에서는 포인터 연산과 비트 벡터를 직접 다루는 반면, 자바 프로그래밍에서는 일반적으로 장황하지만 이해하기 쉬운 코드를 작성합니다. 그렇다고 자바 프로그램이 느리다는 뜻은 아닙니다. 다만 초기에는 코드 이해도가 성능보다 중요하다는 뜻이죠. 코드를 벤치마킹하다가 병목을 발견하면 언제든지 다시 최적화할 수 있습니다. 이때 이해하기 쉬운 코드일수록 훨씬 편합니다.

7장에서는 바로 이러한 주제를 다루었습니다. 클래스와 메서드의 이해도를 향상시키기 위해 잘못 사용될 가능성을 줄이면서 직관적으로 작성하는 방법이요. 팀원 모두 이러한 규칙을 준수하면 개발하기 훨씬 쉽습니다.

메서드와 클래스를 여러 부분으로 나누어야 할 경우가 있는 반면, 상태와 동작을 합쳐야 할 경우도 있습니다. 또한 참조를 처리하는 방법도 배웠습니다. 내부 객체로의 참조를 노출하면 안 되고 객체는 완전히 불변인 편이 훨씬 낫습니다. 객체 당 상태가 하나만 있을 수 있다면 이해하기 쉬우니까요. 마지막으로 잘 디자인된 클래스는 유연하며 사용자가 올바르게 사용할 수 있도록 도와줍니다. null 참조를 반환하지 말고 구체 타입 대신 추상 타입을 입력 매개변수로 사용하면 됩니다.

규모가 큰 소프트웨어 시스템 디자인은 너무 어렵지만 이미 상당한 연구가 이루어져 있습니다. 자세한 내용은 디자인 패턴에 대한 고전을 읽어보길 바랍니다.

8장에서는 자바 8에 딸린 새로운 기능인 자바 스트림과 람다 표현식을 사용한 함수형 프로그래밍에 대해 알아보겠습니다. 스트림은 쉬운 데이터 조작과 빠른 연산, 병렬화, 높은 안정성 등 엄청난 잠재력이 있습니다. 놓치지 마세요!

8^장

데이터 흐름

객체 지향 프로그래밍은 동작부를 캡슐화해 코드를 이해하기 쉽게 만든다. 함수형
프로그래밍은 동작부를 최소화해 코드를 이해하기 쉽게 만든다.

_마이클 페더스

16세기 초 천문학자 니콜라우스 코페르니쿠스는 태양이 지구 주위를 도는 것이 아니라 지구가 태양 주위를 돈다는 천문학 모델인 태양중심설(지동설) 개념을 책으로 출간했습니다. 당시로서는 인간이 우주를 바라보는 생각과 방식, 우주에서의 지위를 뒤집는 본질적인 혁명이었습니다.

자바 8의 등장도 자바 세계에서는 비슷한 혁명입니다. 일반적인 자바 프로그램 내에 람다 표현식과 스트림으로 함수형 프로그래밍 패러다임을 바로 넣을 수 있게 되었거든요. 이전에는 스칼라와 같은 외부 언어를 사용해 JVM에서만 함수형 프로그래밍이 가능했습니다. 이제 모든 주요 프로그래밍 스타일을 자바에서 쉽게 조합할 수 있습니다.

천문학 모델과 달리 프로그래밍에는 옳고 그름이 없습니다. 어떤 프로그래밍 방식 하나가 근본적으로 가장 옳다고 말할 수 없죠. 모든 애플리케이션 시나리오에서 다른 방식보다 뛰어난 유일한 방식은 존재하지 않습니다. 각자 장단점이 있고 어떤 방식이 어떤 상황에 가장 적합한지 알아내는 것은 개발자에게 달려 있습니다.

8장에서는 자바 함수형 프로그래밍의 핵심 개념을 소개하겠습니다. 여러 비교를 통해 함수형 방식이 명령형 방식을 월등히 능가하는 경우를 보여드리겠습니다. 익명 클래스를 명쾌하게 대체하는 방법, 자료 구조를 더 효율적으로 순회하는 방법, 옵셔널로 프로그램을 덜 취약하게 만드는 방법을 배워봅시다.

하지만 함수형 프로그래밍은 간단하지 않으며 쉽게 실수를 저지를 만한 위험 요소도 많습니다. 그래서 왜 부수 효과에 주의해야 하고 함수형 프로그래밍의 예외에 어떻게 대처해야 할지 함께 설명하겠습니다. 옵셔널의 장점에도 불구하고 왜 남용하면 안 되는지, 함수형 방식을 가능하면 충돌없이 명령형 방식으로 어떻게 다시 변환하는지도 알아보겠습니다. 시작해봅시다!

8.1 익명 클래스 대신 람다 사용하기

```
class Calculator {

    Map<Double, Double> values = new HashMap<>();

    Double square(Double x) {
        Function<Double, Double> squareFunction =
                new Function<Double, Double>() {
                    @Override
                    public Double apply(Double value) {
                        return value * value;
                    }
                };
        return values.computeIfAbsent(x, squareFunction);
    }
}
```

자바 8에서는 (Map과 같은) 기존 몇 가지 클래스에 더 유용한 메서드를 추가해 향상시켰습니다. 그 중 하나인 computeIfAbsent()가 위 코드에 나옵니다. 이 메서드는 키를 사용해 맵에서 값을 얻는데 맵에 키가 없으면 값을 먼저 계산합니다. 무척 깔끔합니다. 비슷한 코드를 이미 여러 번 직접 작성해보았죠.

하지만 메서드를 사용하려면 맵에 키가 존재하지 않을 때 **어떻게** 값을 계산할 것인지에 대한 로직을 입력 매개변수로 제공해야 합니다. 아니면 제대로 기능 하지 않습니다.

타입 관점에서 computeIfAbsent()에는 Function<Double, Double> 인터페이스를 구현하면서 Double apply(Double value) 메서드를 포함하는 클래스의 인스턴스가 필요합니다. Double이라는 타입은 values 맵에 들어 있는 타입에 기반해 정한 것이므로 맵이 다르면 타입도 달라지겠죠.

위 코드에서 프로그래머는 인터페이스를 구현할 **익명 클래스**(anonymous class)를 초기화했습니다. 클래스명이 없고 클래스에 인스터스가 딱 하나만 있어서 익명이라고 부릅니다.

하지만 익명 클래스는 코드량을 늘리곤 합니다. 코드가 매우 커지고 들여쓰기 수준도 깊어집니다. 인터페이스 타입과 메서드를 반복해야 하니까요. 예제에 나오는 실제 연산인 return value * value라는 코드 한 줄은 이러한 장황함 속에 철저히 묻혀버립니다.

자바 8에는 익명 클래스를 대신할 훌륭한 대안이 있습니다.

람다 표현식(lambda expression)으로 코드를 크게 향상시킬 수 있어요.

```java
class Calculator {

    Map<Double, Double> values = new HashMap<>();

    Double square(Double value) {
        Function<Double, Double> squareFunction = factor -> factor * factor;
        return values.computeIfAbsent(value, squareFunction);
    }
}
```

훨씬 짧아지고 읽기도 쉬워졌습니다. 연산 로직이 바로 보이고 장황함은 말끔히 사라졌죠. 누가 보아도 훨씬 간결합니다.

람다는 함수형 인터페이스, 즉 단일 추상 메서드(SAM, Single Abstract Method)를 포함하는 인터페이스를 구현합니다. 예제에서는 Function 인터페이스가 apply()라는 추상 메서드 하나만 포함하니 람다와 딱 들어 맞습니다. 람다는 한 줄이나 여러 줄로 작성할 수 있습니다. 직접 살펴봅시다.

```java
// 한 줄
Function<Double, Double> squareFunction = factor -> factor * factor;
// 여러 줄
Function<Double, Double> squareFunction = factor -> {
    return factor * factor;
};
```

위 예제로 한 줄과 여러 줄 람다를 비교할 수 있습니다. 한 줄에는 return 키워드와 중괄호가 없습니다. 매우 짧고 간결한 글루 코드(glue code)(상호 호환이나 운용을 위해 프로그램 각 부분을 이어주는 코드)에 적합하죠. 가능하면 여러 줄을 쓰지 말고 **8.3 람다 대신 메서드 참조(212쪽)**를 적용하세요. 또한 암묵적이거나 명시적인 타입 선언도 가능합니다.

```
// 타입 정의와 소괄호가 없는 경우
Function<Double, Double> squareFunction = factor -> factor * factor;
// 타입 정의와 소괄호를 넣은 경우
Function<Double, Double> squareFunction = (Double factor) -> factor * factor;
```

일반적으로 자바에서는 어떤 경우든 타입을 명시적으로 표기해야 합니다. 하지만 람다 표현식의 매개변수라면 대부분의 경우, 컴파일러 스스로 타입을 알아낼 수 있습니다. 람다 표현식에서 유일하게 구현하고 있는 추상 메서드를 찾아내 메서드 서명을 타입 명세로 사용하면 됩니다. 이것을 타입 추론(type inference)이라고 부릅니다. 메서드 서명으로 타입을 제공하는데 다 아는 사실을 굳이 언급할 필요가 있을까요?

매개변수가 하나일 때는 소괄호가 선택이지만 매개변수가 두 개 이상이거나 타입을 명시적으로 선언할 때는 반드시 사용해야 합니다.

8.2 명령형 방식 대신 함수형

```
class Inventory {

    List<Supply> supplies = new ArrayList<>();

    long countDifferentKinds() {
```

```
List<String> names = new ArrayList<>();
for (Supply supply : supplies) {
    if (supply.isUncontaminated()) {
        String name = supply.getName();
        if (!names.contains(name)) {
            names.add(name);
        }
    }
}
return names.size();
    }
}
```

컬렉션 처리에 대해서라면 함수형 프로그래밍 방식이 명령형 방식보다 훨씬 읽기 쉽습니다.

위 코드에는 매우 흔한 작업을 수행하는 짧지만 무척 복잡한 메서드가 나옵니다. 이 메서드는 컬렉션을 순회하며 몇 가지 조건 연산을 수행합니다. 코드가 짧고 명명이 적절한데도 불구하고 무엇을 하는 코드인지 이해하는 데 시간이 다소 걸립니다.

방식면에서 코드는 명령형입니다. 무엇을 해야 하는지, 루프와 조건, 변수 할당문, 메서드 호출로 어떻게 해야 하는지 컴퓨터에게 명령합니다. 장비는 방법을 한 줄씩 따라갈 뿐이죠. 디버거로 대충 훑어볼 수 있습니다.

하지만 일반적으로 코드가 **무엇을** 하는지에 가장 큰 관심이 있지 목표에 **어떻게** 도달하는지에는 별 관심이 없습니다. 좋은 주석을 작성하고 좋은 이름을 고르는 데 그렇게 많은 노력을 기울이는 이유가 여기에 있죠.

크기로 보든 양으로 보든 한 줄씩 읽을 수밖에 없는 예제의 코드는 메서드의 의도를 흐립니다. 람다 표현식으로는 **무엇이** 이루어지길 원하는지만 명시할 수 있을 뿐 **어떻게**는 명시할 수 없습니다. 이로써 더 간결하고 읽기 쉬운 코드가 됩니다.

그렇다면 람다로 코드를 어떻게 명확히 할 수 있을까요?

```
class Inventory {

    List<Supply> supplies = new ArrayList<>();

    long countDifferentKinds() {
        return supplies.stream()
                       .filter(supply -> supply.isUncontaminated())
                       .map(supply -> supply.getName())
                       .distinct()
                       .count();
    }
}
```

정말 놀랍지 않나요? 어떻게를 코딩하는 대신 무엇만 명시했을 뿐인데 훨씬 짧아지고 읽기 쉬워졌습니다. 그래도 코드를 한 줄씩 분석해봅시다.

우선 stream() 컬렉션을 살펴봅시다. stream()은 컬렉션을 스트림으로 변환함으로써 함수형 프로그래밍의 세계에 발을 들이는 시작 연산자입니다. 강에서 보트 경주를 펼친다고 가정해보세요. 컬렉션 내 각 원소가 바로 보트입니다(컬렉션 파이프라인 비유(Collection Pipeline Metaphor)를 떠올려도 좋습니다).[*]

둘째, filter()로 오염된 supplies를 걸러냈습니다. 필터는 특정 조건을 충족하는 보트만 통과시키는 일종의 관문입니다. 예제에서 필터는 오염되지 않은 제품만 여정을 계속하도록 허용했습니다. 타입 측면에서 필터는 어떤 조건이 true인지 false인지 평가하는 Predicate이고 인스턴스의 유일한 추상 메서드 서명은 boolean test(Supply supply)입니다.

셋째, 강에 떠 있는 "보트"를 변환(또는 map)했습니다. 보트 내 화물을 고친다고 생각하면 됩니다. 예제에서는 Supply의 일부인 이름만 남기고 나머지를 물속에 던져버렸습니다. 자바 용어로 바꾸어 말하면 어떤 Function이 타입(Supply)을 다른 타입(String)으로 매핑했습니다.

---

[*] https://martinfowler.com/articles/collection-pipeline/

넷째, distinct()로 좀 더 걸러냈습니다. 같은 이름은 딱 한 번만 통과되고 나머지 중복은 모두 버려집니다.

마지막으로 count()로 스트림 내 남은 개수를 셌습니다. count()는 스트림을 끝내고 명령형 방식으로 다시 돌려보내는 종료 연산자입니다.

예제에서는 컬렉션과 람다 표현식으로 할 수 있는 극히 일부만 알아보았을 뿐입니다. java.util.stream 패키지의 JavaDoc에 스트림 API 가이드가 잘 작성되어 있습니다.* 더 포괄적인 소개는 자바 함수형 프로그래밍을 참조하세요.

8.3 람다 대신 메서드 참조

```
class Inventory {

    List<Supply> supplies = new ArrayList<>();

    long countDifferentKinds() {
        return supplies.stream()
                        .filter(supply -> !supply.isContaminated())
                        .map(supply -> supply.getName())
                        .distinct()
                        .count();
    }
}
```

앞의 비교에서 보았듯이 람다 표현식을 사용하면 코드가 읽기 편해집니다. 하지만 득에는 실이 따르기 마련이죠. 람다 표현식은 스트림 중간부터 실행할 수 없으며 오직 스트림 전체에 대해서만 실행할 수 있습니다. 즉 단위 테스트처럼

---

* https://docs.oracle.com/javase/9/docs/api/java/util/stream/package-summary.html#StreamOps

람다 표현식의 일부만 테스트하기 어렵습니다.

위 코드는 직전에 비교했던 **8.2 명령형 방식 대신 함수형(209쪽)**에 논리 부정 (logical negation)을 넣어 살짝 수정한 버전입니다. 람다 표현식 두 개 중 하나는 filter하는 Predicate, 하나는 map하는 Function입니다. 각각 한 줄씩 정의함으로써 코드는 간결해졌지만 표현식을 변수로 참조하지 않다보니 다른 어디에서도 사용할 수 없습니다. 람다 표현식은 자신을 감싼 메서드에만 귀속됩니다.

이러한 특징이 왜 문제가 되는지 궁금하겠죠. 표현식이 매우 간단하면 전혀 문제가 없지만 람다 표현식에 논리가 더 들어가면, 예를 들어 Predicate 조건이 복잡하거나 Function에서 여러 행에 걸쳐 변환하면 잠재적인 오류 가능성이 있습니다. 게다가 람다 표현식은 참조가 불가능해 단위 테스트를 사용해 별개로 테스트할 수도 없으니 기대대로 동작하는지 검증하기 어렵습니다. 좋지 않네요.

반면, 메서드 호출에 기반한 코드는 테스트하기 쉽습니다. 통합되어 있더라도 각각 호출할 수 있으니까요. 다행히 자바의 함수형 프로그래밍에도 이것을 처리할 **메서드 참조**(method reference)라는 메커니즘이 있습니다. 메서드 참조를 사용하면 메서드 호출을 람다 표현식에 바로 끼워 넣을 수 있고 이로써 품질 보증 (quality assurance)이 훨씬 쉬워집니다.

메서드 참조로 코드가 어떻게 향상되는지 알아봅시다.

```
class Inventory {

    List<Supply> supplies = new ArrayList<>();

    long countDifferentKinds() {
        return supplies.stream()
                    .filter(Supply::isUncontaminated)
                    .map(Supply::getName)
                    .distinct()
                    .count();
    }
}
```

문법은 정말 간단합니다. 일반적인 람다 표현식을 정의하는 대신 미리 정의된 메서드를 스트림 내에서 바로 참조했습니다.

코드를 잘 보세요. 앞의 코드에 나왔던 람다 표현식을 메서드 참조로 대체했습니다. 게다가 **1.2 부정 피하기(035쪽)**까지 할 수 있었죠! 이제 스트림은 미리 정의된(물론 테스트까지 끝난) 메서드를 조합할 뿐입니다. 양쪽의 장점이 합쳐졌습니다.

그뿐만 아니라 우선 문법에 익숙해져야겠지만 메서드 참조를 사용하면 코드가 더 짧아지고 읽기 쉬워집니다.

메서드 참조에는 특수한(그리고 새로운) ClassName::methodName 형식의 문법을 써야 합니다. 예를 들어 Supply::getName은 Supply 클래스의 getName() 메서드를 참조합니다.

당연히 참조할 메서드는 사용하려는 곳에 부합해야 합니다. 필터 연산에는 Predicate 인터페이스에 맞는 메서드 참조(객체를 받아 불을 반환하는 메서드)를, 맵 연산에는 Function 인터페이스에 맞는 메서드 참조(객체를 받아 객체를 반환하는 메서드)를 써야 합니다.

이쯤 되면 람다 표현식을 메서드로 변환하는 방법도 떠올려볼 수 있습니다. 표현식이 너무 복잡하거나 표현식을 여러 번 써야 할 때 "람다 중복"을 피하려면 이렇게 해야 합니다.

한 마디 덧붙이자면 메서드 참조는 매우 유연해 ClassName::new 형태로 생성자까지 참조할 수 있습니다. collect(Collectors.toCollection(TreeSet::new))로 스트림을 컬렉션으로 바꿀 때 유용한 방법이죠.

8.4 부수 효과 피하기

```
class Inventory {

    List<Supply> supplies = new ArrayList<>();

    long countDifferentKinds() {
        List<String> names = new ArrayList<>();

        Consumer<String> addToNames = name -> names.add(name);

        supplies.stream()
                .filter(Supply::isUncontaminated)
                .map(Supply::getName)
                .distinct()
                .forEach(addToNames);
        return names.size();
    }
}
```

이론상 함수형 프로그래밍에는 부수 효과(side effect)가 없습니다. 모두 입력으로 데이터를 받아 출력으로 새로운 데이터를 생성하는 함수일 뿐입니다. 오가는 데이터는 불변이고요.

하지만 명령형과 객체 지향 프로그래밍은 항상 부수 효과에 의존합니다.(프로시저나 메서드를 통해 데이터와 상태를 바꾸죠.) 자바에서는 현재 세 가지 방식을 모두 섞을 수 있습니다. 매우 강력하지만 동시에 오류가 발생하기도 쉽습니다. 따라서 코드 내 부수 효과를 최소화하기 위해 노력해야 합니다.

위 코드를 봅시다. 목표를 이루기 위해 부수 효과에 크게 의존하고 있습니다.

문제는 스트림의 forEach() 부분에서 호출하는 Consumer addToNames에 있습니다. Consumer는 람다 표현식 밖에 있는 리스트에 원소를 추가합니다. 바로 그때 부수 효과가 발생합니다.

코드에 기능상 오류는 없지만 동시 실행이 가능하도록 바꾸면 쉽게 고장이 납니다. 자바는 여러 스레드 간 부수 효과가 발생하는 것에 대해 아무 보장도 하지 않거든요. 또한 람다 표현식을 병렬화하기만 해도 ArrayList가 스레드 안전 (thread-safe)이 아니므로 (간헐적으로) 잘못된 결과가 나오겠죠.

자바로 함수형 프로그래밍을 처음 접하는 초보자는 코드를 주로 이렇게 작성합니다. filter()와 map() 연산자는 스트림 원소에만 작용해 아무 부수 효과도 일으키지 않는 반면, 초보자는 종종 명령형 방식으로 돌아가 스트림을 종료시키려고 하는데 이것은 부수 효과를 통해야만 가능합니다.

그러면 부수 효과를 일으키지 않으면서 람다 표현식을 종료하는 더 좋은 방법은 없을까요?

```java
class Inventory {

    List<Supply> supplies = new ArrayList<>();

    long countDifferentKinds() {
        List<String> names = supplies.stream()
                                    .filter(Supply::isUncontaminated)
                                    .map(Supply::getName)
                                    .distinct()
                                    .collect(Collectors.toList());
        return names.size();
    }
}
```

주목할 부분은 람다 표현식에서 생성하는 리스트입니다. 리스트를 직접 만들지 않고 컬렉션 내 스트림에 남아 있는 각 원소를 collect()했습니다. 리스트를 만들려면 collect(Collectors.toList())로 스트림을 종료해야 합니다. 물론 Collectors.toSet()으로 Set을 만드는 등 다른 자료 구조도 가능합니다.

예제의 최종 목표는 결과 리스트의 크기인데요. 더 나아질 수 있는지 알아봅시다.

```
return supplies.stream()
            .filter(Supply::isUncontaminated)
            .map(Supply::getName)
            .distinct()
            .count();
```

방법이 있었네요. 종료 연산자인 count()가 원하던 정보인 스트림 내 남은 원소 수를 반환합니다. count()는 Stream 클래스*의 reduce() 연산자, 즉 reduce(0, (currentResult, streamElement) -> currentResult + 1)의 단축형입니다. reduce() 연산자는 리스트를 하나의 정숫값으로 리듀스합니다. 여기서 0은 초깃값이고 스트림 내 각 원소마다 결과에 1씩 더합니다.

요약하면 스트림을 종료시킬 때 forEach()는 쉽게 부수 효과를 일으키니 가능하면 쓰지 맙시다. 그 대신 **8.5 복잡한 스트림 종료 시 컬렉트 사용하기(217쪽)**에서 더 자세히 설명하겠지만 collect()와 reduce()를 쓰려고 해보세요. 두 연산자는 스트림을 직접 종료시킬 뿐만 아니라 List나 Set, 심지어 long 등 원하는 자료 구조를 생성합니다. 이로써 람다 표현식에서 오류가 발생할 가능성이 줄어듭니다.

JAVA BY COMPARISON

8.5 복잡한 스트림 종료 시 컬렉트 사용하기

```
class Inventory {

    List<Supply> supplies = new ArrayList<>();
```

---

* https://docs.oracle.com/javase/9/docs/api/java/util/stream/Stream.html

```java
Map<String, Long> countDifferentKinds() {
    Map<String, Long> nameToCount = new HashMap<>();

    Consumer<String> addToNames = name -> {
        if (!nameToCount.containsKey(name)) {
            nameToCount.put(name, 0L);
        }
        nameToCount.put(name, nameToCount.get(name) + 1);
    };

    supplies.stream()
            .filter(Supply::isUncontaminated)
            .map(Supply::getName)
            .forEach(addToNames);
    return nameToCount;
    }
}
```

앞에서 비교했던 **8.4 부수 효과 피하기(215쪽)**에서는 reduce() 연산자를 사용해 스트림을 하나의 long 값으로 바꾸는 방법과 reduce()의 변형을 보여드렸습니다. collect() 연산자도 살짝 선보였죠. 이 연산자는 원시값보다 복잡한 값이 결과로 나오는 스트림을 종료시킬 때 가장 적합합니다.

위 코드는 앞에서 비교했던 코드를 약간 변형한 것입니다. 단순히 supplies 리스트 내 고유 원소 수를 모두 세는 대신 남은 제품 수를 이름별로 묶어 계산해 Map<String, Long> 형태로 만듭니다. SQL에 익숙하다면 supplies 테이블에 대한 SELECT name, count(*) FROM supplies GROUP BY name 형식의 SQL 쿼리와 실제로 매우 비슷하니 반가울 겁니다.

위 코드도 앞에서 보았던 비교와 같은 문제점을 안고 있습니다. Map<String, Long> nameToCount를 계산할 때 부수 효과에 크게 의존하죠. 그뿐만 아니라 addToNames 구현이 **8.4 부수 효과 피하기(215쪽)**의 구현보다 약간 더 복잡합니다. 실전에서는 훨씬 더 복잡할 테고요. 물론 복잡할수록 이해하기도 어렵죠.

그러면 부수 효과 없이 간단히 종료하면서 어떻게 더 이해하기 쉽게 만들 수 있을까요?

```
class Inventory {

    List<Supply> supplies = new ArrayList<>();

    Map<String, Long> countDifferentKinds() {
        return supplies.stream()
                        .filter(Supply::isUncontaminated)
                        .collect(Collectors.groupingBy(Supply::getName,
                                Collectors.counting())
                        );
    }
}
```

스트림의 결과를 Collection으로 만들어야 할 경우에 대비해 자바는 **8.4 부수
효과 피하기(215쪽)**에서 언급했던 collect() 연산자를 비롯해 바로 사용할 수 있
는, 미리 정의된 여러 Collectors를 제공합니다.

toList()나 toSet(), toMap()와 같은 몇 가지에 대해 이미 알아보았죠. 이외에
도 몇 가지 연산자가 더 있으며 매우 강력한 연산을 제공합니다.

위 코드를 봅시다. 먼저 Collectors.groupingBy() 연산자를 Supply 인스턴스
의 스트림에 적용합니다. 이 연산자는 항상 Map 자료 구조를 반환합니다.

예제에서는 Supply 객체를 이름별로 그루핑해야 했습니다. 그래서 메서드 참
조인 Supply::getName을 전달했죠. 참조를 전달함으로써 결과 Map의 키 타
입, 즉 String까지 명시했습니다. 이렇게만 해도 표현식은 Map<String,
Collection<Supply>>와 같은 형태로 반환합니다. 이미 눈치챘을 수도 있겠지
만 groupingBy() 덕분에 map 연산자는 더 이상 필요 없습니다.

한 가지 더 있습니다. groupingBy() 호출의 두 번째 매개변수인 Collectors.
counting()입니다. 이 연산자는 한 그룹 내 Supply 인스턴스 수를 셉니다. 그
러면 원하던 대로 이름별 항목 수인 Map<String, Long>이 결과로 나옵니다.

잠시 시간을 갖고 두 방법의 표현성을 비교해봅시다. collect()를 사용하는 방
법이 훨씬 더 간결하고 요점도 잘 전달합니다. 그렇죠? 게다가 잘 묘사된 SQL
쿼리처럼 읽힙니다.

더 놀라운 사실을 알려줄까요? partitioningBy()와 maxBy(), joining(), mapping(), summingInt(), averagingLong(), 당연히 reducing()까지 유용한 컬렉터가 더 많습니다. 자바 9는 심지어 filtering()과 flatMapping()까지 제공합니다!

8.6 스트림 내 예외 피하기

```java
class LogBooks {

    static List<LogBook> getAll() throws IOException {
        return Files.walk(Paths.get("/var/log"))
                .filter(Files::isRegularFile)
                .filter(LogBook::isLogbook)
                .map(path -> {
                    try {
                        return new LogBook(path);
                    } catch (IOException e) {
                        throw new UncheckedIOException(e);
                    }
                })
                .collect(Collectors.toList());
    }
}
```

문제 발생 대비에서 보았듯이 예외 처리에 대비해야 합니다. 안타깝게도 람다 표현식에서는 쉽지 않습니다.

위 코드는 자바 NIO API를 사용해 하나의 스트림으로 파일 시스템을 순회합니다. Files.walk()는 주어진 Path부터 시작해 그 Path 아래 모든 파일과 디렉터리를 포함하는 Stream<Path>를 엽니다.

하지만 파일 시스템을 다룰 때는 항상 IOException이 일어날 가능성을 염두에 두어야 합니다. 예를 들어 파일이 연결된 외부 드라이브에 있다거나 디렉터리가 실행 중에 다른 프로세스에 의해 삭제될 수도 있죠.

문제는 스트림에 검증된 예외(checked exception)를 쓸 수 없다는 점입니다. 반드시 스트림 내에서 예외를 처리해야 하죠. 그래서 map() 연산 내부에서 IOException을 잡은 후 RuntimeException으로 확장되는 UncheckedIOException으로 변환한 것입니다.

이러한 방법으로 전체 표현식을 컴파일할 수 있지만 별로 좋아보이지는 않습니다. 자바의 함수형 방식에는 예외, 심지어 검증되지 않은 예외(unchecked exception)까지 처리할 적절한 메커니즘이 전혀 없습니다. 근본적으로 패러다임의 부조화 때문이죠. 함수는 입력을 처리해 출력을 생성할 뿐입니다. 함수는 예외를 던지거나 잡지 않습니다.

> **IO 스트림 닫기**
>
> 파일 시스템은 불충분한 자원이므로 코드 내에서 적절히 닫아주어야 합니다. 문득 **5.7 항상 자원 닫기(144쪽)**가 떠오르네요. 위 코드에도 적용될까요? 음, 파일 시스템을 닫는 코드가 하나라도 있나요? 전혀 없네요.

그렇다면 함수형 프로그래밍 방식에서 벗어나지 않으면서 예외를 어떻게 처리할까요?

```java
class LogBooks {

    static List<LogBook> getAll() throws IOException {
        try (Stream<Path> stream = Files.walk(Paths.get("/var/log"))) {
            return stream.filter(Files::isRegularFile)
                         .filter(LogBook::isLogbook)
                         .flatMap(path -> {
                             try {
                                 return Stream.of(new LogBook(path));
                             } catch (IOException e) {
                                 return Stream.empty();
```

```
                }
            })
            .collect(Collectors.toList());
        }
    }
}
```

보다시피 try-catch 블록이 그대로 남아 있습니다. 이 방법 외에는 뾰족한 수가 없지만 다만 검증된 예외를 검증되지 않은 예외로 더 이상 변환하지 않습니다. 그 대신 스트림에서 예외 원소를 간단히 제거합니다.

이것을 위해 flatMap() 연산자를 사용했습니다. 이 연산자는 map()과 비슷하지만 어떤 타입을 다른 타입으로 매핑하는 대신 어떤 타입을 다른 타입의 Stream으로 매핑합니다. 제대로 동작하면 Stream.of(element)가 수행되어 원소 하나가 포함된 새로운 스트림을 생성할 것입니다. 문제가 발생하면 단지 Stream.empty()를 반환합니다.

이 방법이 함수형 방식 패러다임에 더 잘 부합합니다. 어떤 일이 발생하든 예외는 전체 연산을 중지시키지 않으며 스트림은 입력에 따른 출력을 생성합니다. 또한 코드에 대한 추론과 설명도 이해하기 더 쉬워집니다. 물론 로깅으로 예외를 처리할 수도 있지만 이 방법은 부수 효과를 쉽게 야기할 뿐만 아니라 순수한 함수형 패러다임에도 위배된다는 점을 기억하세요.

간단히 말해 예외를 피하려면 함수형 방식을 따르는 편이 낫습니다.

> **IO 스트림 닫기**
>
> 위 코드에서는 Stream에 try-with-resources를 사용함으로써 자원을 올바르게 닫습니다. 물론 이전만큼 깔끔하지는 않지만 제 역할을 합니다. 꼭 기억하세요!

8.7 널 대신 옵셔널

```java
class Communicator {

    Connection connectionToEarth;

    void establishConnection() {
        // connectionToEarth를 할당하는 데 쓰이지만 불안정할 수 있음
    }

    Connection getConnectionToEarth() {
        return connectionToEarth;
    }
}
```

객체를 가리키지 않는 참조는 그 대신 null을 가리킵니다. null 참조로 메서드를 호출하면 NullPointerException이 발생하고요. 아마도 자바에서 가장 유명한 예외일 겁니다.

참조에 어떻게 접근하는지 완벽히 제어할 수 있는 내부 상태라면 null 참조를 사용해도 괜찮습니다. 하지만 참조가 외부에 노출되면 모든 호출자가 null을 검증해야 하는데 사람들이 이것을 쉽게 잊어 프로그램이 취약해집니다. 이미 널 반환하지 않기에서 다루었던 내용이죠. 하지만 자바 8과 람다 표현식의 등장 이후 널 객체를 해결할 다른 방법이 생겼습니다.

위 코드에 나오는 Connection은 끊겨 있을 수도 있고 connectionToEarth가 null일 수도 있습니다. 호출하는 코드에서 null을 검증하지 않으면 문제가 발생할 여지가 있죠. 아래를 보세요.

```java
communicator.getConnectionToEarth()
            .send("Houston, we got a problem!");
```

연결된 커넥션이 없으면 무시무시한 NullPointerException이 발생할 것입니다.

하지만 고치기 쉽습니다. if 문 하나만 추가해 게터 호출로 얻은 연결이 null이 아닌지 검증하면 됩니다.

수정본 작성이 어려운 것도 아닙니다. 수정본을 작성하면 코드가 생산에 넘어가기 전에 문제를 감지합니다. 자바에서는 어디서든 참조를 사용하므로 은연중에 null 참조가 생길 가능성이 매우 큽니다. 어떤 자바 프로그램이든 개발 도중 어느 시점에 NullPointerException에 처하죠.

게다가 if 문으로 고친 수정본과 람다 표현식을 명쾌하게 조합하기란 불가능합니다. 표현식을 몇 개 줄로 분리할 수밖에 없습니다. 다행히 더 좋은 방법이 있습니다.

connectionToEarth가 없을 수도 있다는 것을 어떻게 분명히 명시할까요?

```
class Communicator {

    Connection connectionToEarth;

    void establishConnection() {
        // connectionToEarth를 할당하는 데 쓰이지만 불안정할 수 있음
    }

    Optional<Connection> getConnectionToEarth() {
        return Optional.ofNullable(connectionToEarth);
    }
}
```

정답은 Optional입니다. Optional은 있을 수도 있고 없을 수도 있는 객체를 위한 임시 저장소입니다. 객체나 null을 가리킬지도 모를 참조를 넣어 Optional.ofNullable()을 호출해 생성합니다. 예제에서 connectionToEarth는 있을 수도 있고 없을 수도 있습니다.

앞 부분과 크게 다른 점은 메서드 서명을 보고 Connection이 없을 수도 있다는 사실을 알아챌 수 있다는 점입니다. 이제 용법을 살펴봅시다.

```
Connection connection = communicator.getConnectionToEarth()
                                    .orElse(null);
connection.send("Houston, we got a problem!");
```

위 용법은 이전 용법과 같은 동작을 반복하며 NullPointerException까지 똑같이 발생합니다. 다만 보다시피 Connection 객체를 얻거나 없으면(orElse) null을 얻을 수 있습니다.

Communicator 내 null 값을 숨기지 않고 Optional을 통해 접근한 호출자의 코드에 null 값을 전달합니다. 이렇게 함으로써 Optional은 호출자가 부재 값을 어떻게 처리할지 생각해보게 합니다. 위 용법(orElse(null))처럼 사용하면 여전히 예외가 발생하죠. 그러니 아래처럼 수정해봅시다.

```
communicationSystem.getConnectionToEarth()
            .ifPresent(connection ->
                connection.send("Houston, we got a problem!")
            );
```

Optional이 없더라도 앞 부분처럼 if 문으로 고칠 수 있습니다. 하지만 Optional은 ifPresent()라는 편리한 메서드를 제공합니다. 이 메서드는 Optional 내 값이 null이 아닐 때만 전달한 Consumer를 실행합니다. 여기서는 단지 메시지를 전송하는 Consumer를 전달했죠. NullPointerException을 막았습니다!

Connection의 널 객체도 이렇게 해결할 수 있었습니다. 하지만 예제에서는 일반적인 널 객체인 Optional.empty()를 사용했습니다. 이로써 개발 수고는 줄지만 매번 널 객체를 명시적으로 처리해야 하는 비용이 발생합니다. 람다를 비롯해 Optional 클래스도 대부분 바람직한 선택입니다.

8.8 선택 필드나 매개변수 피하기

```
class Communicator {

    Optional<Connection> connectionToEarth;

    void setConnectionToEarth(Optional<Connection> connectionToEarth) {
        this.connectionToEarth = connectionToEarth;
    }
    Optional<Connection> getConnectionToEarth() {
        return connectionToEarth;
    }
}
```

8.7 널 대신 옵셔널(223쪽)에서 null 참조 대신 Optional 값을 반환하는 편이 낫다고 배웠습니다. Optional을 배우면 여기저기 보이는 곳마다 적용하려고 듭니다. 이러한 실수를 저지르지 마세요! Optional 때문에 코드가 더 복잡해지고 사용하기 불편해지는 경우도 있습니다. 그러면 언제 피해야 할지 알아봅시다.

위 코드를 보면 세터와 게터에 Optional 필드가 나옵니다. 겉으로는 **8.7 널 대신 옵셔널(223쪽)**에서 보았던 방법과 거의 같아 보입니다. 게터는 Optional<Connection>을 반환합니다. Connection이 없을 수도 있다는 점을 분명히 드러내죠.

문제는 connectionToEarth 필드 자체가 옵셔널 타입이라는 점입니다. 게다가 Optional<Connection>을 허용하는 세터까지 있습니다. 이로 인해 해결한 문제보다 더 많은 문제가 생깁니다. 이유를 알겠나요?

Optional에는 **부재**(absent)(Optional.empty()) 또는 **존재**(present)라는 두 가지 상태가 있습니다. 이러한 상태는 타당합니다. 하지만 옵셔널 필드나 메서드 매개변수라면 변수가 null일 수도 있습니다. 그러면 갑자기 상태가 세 개로 늘어납니다. 존재나 부재 또는 null로요. Optional이 null이면 의미상 도대체 무슨 뜻일까요? 더 부재하다는 뜻일까요? 전혀 이해가 되지 않습니다. 아니면 이때

null은 현재 연결을 다시 설정해야 한다는 뜻일까요? 코드만 보아서는 알 수 없습니다.

필드나 매개변수에 옵셔널 타입을 사용하면 더 복잡해질 뿐입니다. 심지어 Optional 필드나 매개변수라도 필드에 null을 넣거나 메서드에 null을 전달할 수 있습니다. 이러면 null 값 검증뿐만 아니라 값이 존재하는지 여부도 검증해야 합니다.

그러면 Optional 필드나 매개변수가 나오면 어떡해야 할까요?

```java
class Communicator {

    Connection connectionToEarth;

    void setConnectionToEarth(Connection connectionToEarth) {
        this.connectionToEarth = Objects.requireNonNull(connectionToEarth);
    }
    Optional<Connection> getConnectionToEarth() {
        return Optional.ofNullable(connectionToEarth);
    }

    void reset() {
        connectionToEarth = null;
    }
}
```

비교적 간단합니다. 필드와 메서드 매개변수 타입에서 Optional 부분을 제거해야 합니다. Optional 타입은 반환값에만 써야 합니다. 그래야만 Optional. empty()와 null 값 간 의미상 혼란을 막을 수 있습니다.

하지만 위 코드로부터 알 수 있듯이 단순히 타입만 바꾸어 될 일이 아닙니다. 세터 메서드 매개변수의 Optional 타입을 없애려면 null이 삽입될 수 있다는 점도 감안해야 합니다. 앞의 코드에서는 쉽게 무시하고 지나쳤죠. 위 코드에서는 Objects.requireNonNull()이라는 유용한 API 메서드로 null 값을 검증합니다.

또한 null에게 사전 입력 매개변수라는 의미를 부여하는 reset() 메서드도 추가했습니다. reset() 메서드가 있으니 이제 세터에 명시적으로 null을 삽입하지 않아도 현재 연결을 끊을 수 있습니다. 더 강력한 방법이며 이미 눈치챘겠지만 **7.2 옵션 매개변수로 메서드 분할(187쪽)**을 활용했습니다. 모든 null 참조는 필드 접근을 완벽히 제어할 수 있는 클래스 내부에서만 발생합니다.

게터는 **8.7 널 대신 옵셔널(223쪽)**에서 보았던 그대로입니다. Optional.ofNullable()을 호출해 필드를 Optional로 변환하죠. Optional.ofNullable()은 Optional.empty()와 동등하니 필드에 null을 할당하는 reset() 메서드와 밀접한 관련이 있습니다.

게터와 세터는 타입이 서로 다르니 자바 빈스 규칙에 더 이상 부합하지 않는다고 지적할지도 모르겠습니다. 이러한 규칙을 따르는 프레임워크와 코드를 통합해야 한다면 문제가 될 수도 있겠죠. 그렇다면 Optional 반환 타입 없이 돌아가도록 만들어야 합니다. 그렇지 않다면 null 값을 피함으로써 Optional로 프로그램을 더 강력하게 만들 수 있습니다.

8.9 옵셔널을 스트림으로 사용하기

```java
class BackupJob {

    Communicator communicator;
    Storage storage;

    void backupToEarth() {
        Optional<Connection> connectionOptional =
                communicator.getConnectionToEarth();
        if (!connectionOptional.isPresent()) {
            throw new IllegalStateException();
```

```
        }

        Connection connection = connectionOptional.get();
        if (!connection.isFree()) {
            throw new IllegalStateException();
        }

        connection.send(storage.getBackup());
    }
}
```

앞에서 보았듯이 Optional은 null을 훌륭히 대체할 수 있습니다. 그뿐만 아니라 자바 내 람다 표현식에 Optional 클래스를 추가하면 충분히 장점이 있습니다. 여기에 하나 더, Optional은 0개 또는 1개 원소만 포함하는 특별한 형식의 스트림입니다.

다시 말해 filter()나 map()과 같은 일반적인 스트림 연산을 모두 Optional에 바로 적용할 수 있습니다. 즉 클린 코드를 더 작성할 수 있는 좋은 기회가 열립니다.

위 코드를 봅시다. connectionOptional이라는 변수에 (부재일 수도 있는) 값을 저장합니다. 이 변수는 1) isPresent()를 호출해 실제 값이 있는지 검증하고 2) get()을 호출해 그 값을 추출하는 데 쓰입니다. 하지만 절대로 적절하거나 설명적인 변수명은 아닙니다.

Optional을 변수에 그것도 이상한 이름의 변수에 저장한 이유는 임피던스 불일치(impedance mismatch) 때문입니다. 코드에 잘 드러나지는 않지만 Optional 클래스는 그 외 메서드가 명령형 방식을 따르는 것과 달리 함수형 프로그래밍 방식을 위해 만들어졌습니다. 두 방식 간에 변환하려면 get()과 같은 메서드로 변환을 수행해야 합니다. 이러한 문맥 교환만 없어도 코드는 훨씬 읽기 쉬워집니다.

실제로 이러한 교환은 코드에서 매우 자주 보입니다. 자바에 함수형 프로그래밍 방식이 도입된 지는 얼마 되지 않았습니다. 아직도 많은 개발자가 함수형 방식에 익숙하지 않거나 완벽히 적용하는 데 어려움을 겪고 있습니다. 그래서 다른 방식으로 시작했더라도 종종 명령형 방식으로 다시 돌아가곤 합니다.

모두 함수적으로 구현하면 코드가 얼마나 향상되는지 알아봅시다.

```
class BackupJob {

    Communicator communicator;
    Storage storage;

    void backupToEarth() {
        Connection connection = communicator.getConnectionToEarth()
                .filter(Connection::isFree)
                .orElseThrow(IllegalStateException::new);
        connection.send(storage.getBackup());
    }
}
```

막상 해보니 무척 간단합니다. Optional 클래스에 들어 있는 다양한 메서드, 즉 중간 연산인 filter(), map(), flatMap()과 종료 연산인 orElse(), orElseThrow(), orElseGet(), ifPresent()를 활용하면 됩니다.

위 코드에서는 filter()를 사용해 연결이 이어져 있고 사용할 수 있는지 확인하고 그렇지 않은 경우, orElseThrow()를 사용해 예외를 발생시킵니다. 이로써 코드량이 대폭 줄어듭니다. 나열된 코드와 비교해보세요. 이왕이면 적을수록 좋죠!

코드가 훨씬 간결해졌습니다. 단순히 이상한 connectionOptional 변수를 제거했기 때문만은 아닙니다. 코드는 orElseThrow() 연산을 통해 연결이 끊겼거나 사용할 수 없을 때 무슨 일이 일어나는지까지 분명히 알려줍니다. 앞의 코드에서는 if 조건 두 개로 나뉘어 있었죠.

다른 상황에서는 다른 Optional 메서드가 더 적절할 수 있습니다. 예를 들어 정말 값이 부재여도 상관없다면 그냥 ifPresent()만 호출합니다. 만약 Optional

을 읽기만 해도 된다면 Optional을 변환해 `.map().orElse(defaultValue)`로 기본값을 제공합니다.

두 번째 용법이 더 흔합니다. 아래 코드 예를 보세요.

```
String state = communicator.getConnectionToEarth()
                    .map(Connection::isFree)
                    .map(isFree -> isFree ? "free" : "busy")
                    .orElse("absent");
```

8.10 8장에서 배운 내용

8장에서 살펴보았듯이 함수형 방식은 자바를 새롭게 프로그래밍할 수 있는 방법을 제시합니다. 컴퓨터에게 단계별로 지시하는 대신 무엇을 달성하고 싶은지만 설명하면 더 간결해집니다.

명령형 방식으로 코딩하는 편이 여전히 더 자연스럽게 느껴지더라도 그 방식에 더 익숙하기 때문일 뿐입니다. 어쨌든 맨 먼저 배운 방식이니까요. 낯설다고 해서 반드시 복잡한 것은 아니니 그냥 익숙해지려고 해보세요. 벌써 아래와 같은 기초를 배웠잖아요.

자료 구조를 스트림으로 변환해 더 효율적으로 순회하고 매우 복잡한 상황이더라도 명령형 방식으로 다시 회귀하는 방법을 익혔습니다. 또한 메서드 참조 덕분에 메서드의 테스트 가능성이 높아지는 등 메서드 참조가 최선의 선택인 경우, 이것을 활용해 함수형과 명령형 방식을 서로 매끄럽게 끼워넣는 방법도 배웠습니다. 익명 클래스를 람다 표현식으로 대체만 해도 코드를 가득 채우던, 관련 없는 문법들이 코드에서 사라집니다. null 값 대신 Optional 반환 타입을 사용해 프로그램을 더 안전하게 바꾸는 방법과 Optional을 스트림과 통합하는 방법도 배웠습니다.

함수형 프로그래밍 적용만 다룬 것은 아닙니다. 무엇이 잘못 될 수 있는지, 어느 부분에서 더 신중해야 하는지도 알아보았습니다. 부수 효과가 코드의 정확성을 떨어뜨릴 수 있고 예외 처리가 과하면 함수형 방식으로 작성한 코드더라도 읽기 어렵습니다. 또한 Optional 값이 아무리 유용하더라도 남용하면 안 됩니다.

믿기 어렵겠지만 이 책의 핵심 내용은 여기까지입니다. 포기하지 않고 끝까지 따라와주어 진심으로 기쁩니다. 지금쯤이면 틀림없이 깔끔하고 읽기 쉬운 자바 코드에 대해 더 많이 알게 되었을 거예요.

물론 전문 소프트웨어 개발을 시작하면 고려해야 할 측면이 훨씬 많습니다. 지금까지 동시 실행은 거의 설명하지도 않았을 뿐만 아니라 단순한 코드에서 배포할 수 있는 제품으로 만드는 데 꼭 필요한 내용, 예를 들어 **9.4 지속적 통합(240쪽)**과 납품(delivery)도 알아야 합니다. 이러한 주제를 놓고 비교를 이어갈 수도 있습니다. 하지만 그랬다가 500페이지가 넘어갈 것이고 아무도 읽으려고 하지 않겠죠. 그래서 지금까지 충분히 다루지 못했던 주요 측면 몇 가지만 짧게 개요를 제공하려고 합니다. 9장에서는 이러한 개념을 간결히 요약하고 더불어 이러한 주제를 더 깊이 알아볼 수 있도록 참고문헌과 자료 링크도 제시하겠습니다. 이 책을 다 읽은 후 배움을 어떻게 이어가야 좋을지 정확히 알도록요. 배움을 절대로 멈추지 마세요!

9^장

실전 준비

코드의 첫 90%에 개발 시간의 첫 90%가 쓰인다.
코드의 나머지 10%에 개발 시간의 마지막 90%가 쓰인다.

– 톰 카길(Tom Cargill)

지금까지 간결하고 유지보수가 쉬운 자바 코드 작성법을 많이 배웠지만 전문 소프트웨어 개발을 위해서는 더 많이 알아야 합니다. 생산 소프트웨어에는 고장날 이유가 수없이 많습니다. 게다가 실제로 쓰이는 순간 누군가 유지보수를 해야 하죠. 사용자 기대는 점점 늘고 소프트웨어로 실행하려는 것에 대한 인식도 사용하면서 바뀌기 마련입니다. 생산 후 어느 정도 시간이 흐르면 **모두** 바꾸어야 할지도 모릅니다.

- 소프트웨어는 버그가 아무리 산적해 있더라도 쏟아져 나오는 새로운 기능에 대응해야 합니다.
- 이제 수백 명의 사용자가 아닌 수백만 명의 사용자가 소프트웨어를 **매일** 사용합니다.
- 소프트웨어는 더 이상 로컬 데이터 센터 내 장비 한 대가 아니며 전 세계에 걸친 여러 데이터 센터 내 층층이 쌓인 서버 여러 대에서 실행됩니다.

이러한 속도 변화에 대처하는 비결이 애자일 철학에서 말하는 **변화를 수용**하는 것입니다. 변화하는 요구 사항과 상황을 귀찮게 여기는 대신 소프트웨어가 유용하다는 신호로 받아들이고 바로바로 적응할 수 있도록 대비하세요. 변화에 맞추어 코드를 조정할 때 예상하지 못한 방향으로 코드가 고장나지 않도록 해야 하는 이유가 여기에 있습니다. 그러려면 이 책에서 다루는 코드를 유지하고 읽기 쉽게 만드는 과정이 선행되어야 하죠.

9장에서는 정적 분석 도구 적용, **9.4 지속적 통합(240쪽)**과 납품을 가능케 하는 **9.3 빌드 자동화(238쪽)**, 생산 중 소프트웨어 모니터링, 동시 실행으로 속도 향상 같은 소프트웨어 개발과 실행에 관련된 전반적인 사항을 간단히 언급하겠습니다. 각 사항과 더불어 9장 전체도 하나의 개요 역할만 할 뿐 2페이지짜리 코드 비교로는 하나하나 상세히 설명하기 어렵습니다. 그래서 9장에서는 이 책의 코드 비교 방식을 쓰지 않겠습니다. 다만 어떤 기법에 대해서는 그 기법의 쓰임새와 배움을 이어나갈 방향을 제시할 수 있도록 글로 잘 설명된(그리고 간소하게 줄인) 개요와 함께 몇 가지 비교를 나열하겠습니다.

9.1 정적 코드 분석 도구

높이뛰기에 대한 올림픽 규정을 보면 선수는 바를 뛰어넘어야 하고 경기를 진행하면서 오직 한 선수만 뛰어넘을 때까지 바의 높이를 위로 점점 올립니다. 세계신기록은 2m 45cm입니다. 정적 분석 도구(static analysis tool)는 코드 품질을 가늠하는 일종의 바입니다. 코드를 분석하고 잠재적인 버그나 코드 스멜(code smell)(어떤 문제가 있음을 암시하는 코드)을 찾습니다. 더 높은 바를 뛰어넘어야 하므로 단순히 테스트를 컴파일하고 실행만 하지 않습니다. 실제 개발과 생산환경에 한층 더 가깝습니다. 이러한 도구는 대부분 효율적이고 빠릅니다. 긍정 오류(false positive)를 보고하는 등 완벽하지는 않지만 코드를 고장내지는 않더라도 품질을 떨어뜨리는 실수를 잘 잡아내곤 합니다.

어쩌면 그동안 대부분의 비교에서 보았던, 우연히 저지른 실수와 코드 스멜이 정적 분석 도구가 찾고 있는 것과 비슷합니다. 초보자의 경우, 충분히 이해하는 데 시간이 걸리고 실제 프로젝트에서 **찾으려면** 연습이 필요한 것들이죠. 또한 대규모 코드 기반에서 빠르게 진행하는 등 한 걸음 물러나 코드 품질을 고려하기에는 시간이 부족한 경우도 있습니다. 물론 숙련된 개발자는 코드 리뷰 중에 문제를 발견하지만 그 시간도 돈입니다.(전문 개발자의 시간에는 많은 비용이 듭니다.) 게다가 정적 분석 도구가 찾아냈을지도 모를(찾을 수 있었던) 무수히 작은 문제들에 휩싸이다 보면 도구가 찾지 못한 더 큰 문제를 간과할 수도 있습니다.

9.1 정적 코드 분석 도구(235쪽)는 컴파일 오류와 기능적 오류를 넘어서는 특정 유형의 문제를 코드에서 자동으로 감지할 수 있으며 심지어 수정을 도와주는 도구도 있습니다. 코드 기반이 크더라도 분석에는 지장이 없습니다. 게다가 최고의 장점은 대부분이 오픈 소스이고 무료로 사용할 수 있다는 점이죠. 존재하는 도구를 모두 적용하라는 뜻이 아니라 최소한 한 가지는 사용하면 좋다는 뜻입니다. 코드 품질도 향상되거든요. 이번 절에서는 자바의 주요 도구에 대한 개요를 제공하겠습니다.

SpotBugs*나 그 이전 모델인 FindBugs는 자바에서 가장 오래된 **9.1 정적 코드 분석 도구(235쪽)** 중 하나입니다. 400가지 이상의 잠재적 버그**를 찾아냅니다. 무척 많죠. SpotBugs는 오직 글로만 설명하는데 보고 파일 또는 IDE에 문제가 발생할 만한 코드 조각만 알려줄 뿐 복사본과 붙여넣을 수 있는 수정본은 제공하지 않습니다. 때로는 긍정 오류인 버그를 찾기도 하니 경고를 받을 때마다 정말 문제인지 아닌지 확인해야 합니다. 훌륭한 버그 감지 전략을 짜기 위해 대규모 개발자 커뮤니티에서 혼신을 다한 만큼 SpotBugs는 매우 유용합니다.

SpotBugs와 매우 유사한 Checkstyle***과 PMD****도 유명한 도구입니다. 다만 다양하게 설정할 수 있다는 점에서 많이 다른데 이것은 특정 코드 방식을 고집할 때 매우 유용합니다. 하지만 다소 장황하고 일반적으로 프로젝트에 딱 맞게 설정하려다 보니 까다로울 수도 있습니다. 전체 규칙 집합을 포함하는 기본 설정에서는 SpotBugs보다 더 큰 자릿수의 수로 이슈를 보고하는데 어떤 수는 독단적이거나 서로 상충되기도 합니다. 그래서 대부분 프로젝트에 중요한 규칙들로, 특히 자바 코드 규칙을 준수하고 이 책에서 다루었던 문제를 검증하는 규칙들로 맞춤형 설정을 만듭니다.

또 하나의 유명한 정적 분석 도구인 Error Prone*****은 자바 컴파일러를 개선했을 뿐만 아니라 더 고급 타입 검증을 수행하며 정말 고맙게도 찾을 수 있는 수많은 이슈에 대한 수정본을 제안합니다. 구글이 자체 코드 기반을 위해 개발했지만 도구는 오픈소스입니다. Error Prone은 ConcurrentHashMap 내 버그******를 감지하면서 유명해졌습니다. ConcurrentHashMap은 한동안 생산에 포함되었던 버그가 없다고 널리 알려진 API였습니다. Error Prone은 긍정 오류도 거의 없을 뿐만 아니라 문제를 찾으면 수정본도 함께 제안하니 프로젝트에서 사용하면 좋습니다.

---

*   https://spotbugs.github.io/

**   https://spotbugs.readthedocs.io/en/latest/bugDescriptions.html

***   http://checkstyle.sourceforge.net/

****   https://pmd.github.io/

*****   http://errorprone.info

****** https://bugs.openjdk.java.net/browse/JDK-8176402

최근에는 정적 분석 지원이 내장된 자바 IDE도 등장했습니다. 예를 들어 인텔리제이 IDEA에는 방금 논했던 도구들처럼 자동으로 코드 내 이슈를 감지하는 Code Inspection[*]이라는 기능이 있습니다. 마찬가지로 수정본을 제안하며 클릭 한 번만으로 코드를 리팩터링할 수 있다는 큰 장점이 있습니다. 인텔리제이를 사용하지 않더라도 사용 중인 IDE에서 어떤 기능을 바로 사용할 수 있는지 확인해보길 바랍니다.

요약하면 정적 분석 도구는 컴파일러나 테스트로 찾지 못하는 코드 내 문제를 발견하는 데 매우 유용하고 효율적입니다. 자바 에코시스템에는 쓸 수 있는 도구가 무척 많고 최소한 그 중 하나는 적용해야 고품질로 유지보수하기 쉽습니다. 팀 내에서 공통 자바 코드 형식을 준수할 수도 있고요.

9.2 팀 내 자바 포맷 통일

전문 소프트웨어 개발은 팀으로 이루어집니다. 물론 독립적인 프리랜서로 일하는 프로그래머도 있지만 대부분 팀으로 일합니다. 팀 프로그래밍이 더 재미있고 동료로부터 배울 기회도 있으니 좋죠.

당연히 서로 조정하고 계획하고 의사소통해야 하는 등 힘든 부분도 많지만 Scrum이나 XP 같은 애자일 프로세스가 방법을 알려줍니다. 이 책은 팀웍이 아닌 코드 품질을 다룬 책이니 더 깊이 설명하지는 않겠습니다.[**] 이 주제를 꺼낸 이유는 코드에 영향을 미치는 팀 요구사항인 서식화 때문입니다.

코드 서식화는 같은 언어를 쓰더라도 툭하면 열띤 논쟁을 불러일으키는 주제입

---

[*] https://www.jetbrains.com/help/idea/code-inspection.html
[**] 애자일 프로세스에 관심이 있다면 로버트 마틴이 쓴 〈Agile Software Development, Principles, Patterns, and Practices〉(Pearson, 2002)을 추천합니다.

니다. 우선 코드 행의 길이도 논쟁의 대상입니다. 전통적으로 그래왔듯이 코드 한 행에 문자 80개로 해야 할까요? 아니면 최근에 모니터 화면이 넓어졌으니 120개로 해야 할까요? 절충해 100개가량이 좋을까요? 아마도 가장 유명한 논쟁은 탭과 공백 중 무엇으로 들여쓰기해야 하는가겠죠. 개발자 사이에서 이보다 더 논란이 되었던 이슈는 찾아보기 힘듭니다. 궁극적으로 옳고 그름은 없습니다. 중요한 것은 계속된 재서식화나 버그를 피하려면 팀원 전원이 하나의 일관된 서식화 방식에 동의해야 한다는 점이죠.

모두가 동의할 수 있는 형식만 찾으면 대부분 해결됩니다. 합의에 도달하고 IDE에서 해당 설정을 만드는 데 긴 시간을 낭비하지만 않는다면요.

더 좋은 방법은 모든 논쟁을 중단하고 업계 표준을 쓰는 것입니다. 여러 번 언급했던 자바 코드 규칙으로 출발해도 좋지만 비교적 간략하고 한동안 업데이트되지 않았습니다. 그러니 구글 자바 스타일 가이드를 사용하길 바랍니다.* 더 실용적인 기본값으로 자바 코드 규칙을 업데이트한 버전입니다. 구글 내 자바 코드 서식화에 문제없이 동작했으니 다른 팀에서도 동작할 것입니다. 핵심 도구는 서식화를 검증하고 시행하는 구글 자바 포맷입니다.** 이 도구를 빌드 프로세스에 넣는 것이 가장 바람직합니다. 변경할 때마다 도구만 실행하면 되거든요.

9.3 빌드 자동화

뛰기(IDE에서 자바 코드 작성하기) 전에 걷는 법(자바 명령행 도구 사용하기)부터 배우라는 말이 있습니다. 소프트웨어의 전체 빌드 프로세스에 비추어보면 맞는 말입니다.

---

* https://google.github.io/styleguide/javaguide.html
** https://github.com/google/google-java-format

자바 프로그램을 처음 만들 때 간단한 텍스트 편집기에서 작성해 javac라는 명령행 도구로 코드를 컴파일하고 java 명령어로 실행했을 거예요. 코드가 (매우) 간단하다면 이 방법이 잘 동작합니다. 교직에 있어보니 이 방법은 초보자가 소스 코드와 바이트코드의 차이를 이해하는 데도 도움이 되더군요.

하지만 개발 중인 실제 프로젝트에서는 자르(JARs, Java ARchives) 형태로 된 외부 라이브러리를 사용하고 JUnit 테스트를 실행하고 Javadoc 기반 설명서를 만들게 됩니다. 명령행으로만 하려면 너무 다양하고 지나치게 긴 호출을 수없이 해야 할 거예요.

그래서 대부분의 자바 개발자는 인텔리제이 IDEA나 이클립스, 넷빈즈 같은 IDE로 자바를 작성합니다. IDE는 메인 메서드로 자바 클래스 실행, 단일 JUnit 테스트 디버깅 등 반드시 수행해야 하는 모든 작업을 처리합니다. 팀 내 표준화가 가능하면 좋겠지만 일반적으로 서로 다른 운영체제나 IDE에서 작업하려고 합니다. 그러면 하나의 IDE를 더 이상 사용할 수 없습니다.

해결책은 모든 시스템에서 같은 방식으로 동작하면서 개발자 장비와 독립적인 정교한 빌드 도구나 언어로 빌드를 자동화하는 것입니다. 바로 그레이들(Gradle)*과 같은 도구로요. 그레이들은 자바의 떠오르는 샛별이자 안드로이드의 기본 빌드 시스템이지만 아파치 메이븐(Maven)**처럼 공인된 기업 표준이나 아파치 앤트(Ant)*** 등도 종종 쓰입니다.

빌드를 자동화하려면 빌드 파일을 작성해 프로젝트에 넣어야 합니다. 빌드 파일은 빌드 도구별로 특수한 문법을 사용하고 파일 내에 소스 코드가 어디에 있는지, 종속성과 외부 라이브러리는 무엇인지, 성공적으로 빌드하려면 그밖에 무엇을 해야 하는지를 설명합니다. 이어서 빌드 도구는 파일을 해석하고 필요한 외부 라이브러리를 다운로드하고 모든 테스트를 실행하고 테스트에 성공하면 실행 파일을 빌드합니다. 최근의 IDE도 이러한 빌드 파일을 해석할 수 있고

---

*   https://gradle.org/

**   https://maven.apache.org/

***   http://ant.apache.org/

빌드 도구와 통합해 IDE 내에서 무엇이든 실행할 수 있습니다. 모두 자동화했다면 진정한 납품 파이프라인에 첫 발을 내딛은 셈입니다.

9.4 지속적 통합

로컬에서 빌드 도구로 빌드를 자동화했으니 출발이 순조롭습니다. 개발자 장비에서 로컬로 언제든지 테스트를 실행하고 실행 파일을 빌드할 수 있죠. 하지만 실제 개발환경에서는 그 이상이 필요합니다. 이제 **9.4 지속적 통합(240쪽)**을 도입할 때네요.

로컬에서 코드를 변경하려면 당연히 버전 제어에 커밋하기 전에 단위 테스트를 실행해 고장난 부분이 없는지 확인해야 합니다. 하지만 기업 프로젝트의 경우, 전체 테스트 집합이 매우 크고 완벽히 통합된 실행 파일을 빌드하는 데 시간이 오래 걸립니다. 수 분 또는 수 시간이 걸릴 텐데 장비에서 코드를 약간만 변경할 때마다 이 과정을 반복하고 싶지는 않을 거예요.

더불어 **9.1 정적 코드 분석 도구(235쪽)**도 배웠습니다. 도구들은 공통적으로 코드 기반에 대해 실행되고 코드 기반 내 잠재적 이슈를 보여줍니다. 어떤 이슈는 바로 고칠 수 있고 긍정 오류는 그냥 무시할 수도 있죠. 가장 관심 있는 부분은 마지막 변경이 코드 품질에 미치는 영향입니다. 이전에 없던 새로운 이슈가 생기지 않았나요?

광범위한 테스트와 통합, 코드 품질 검증 등 모든 과정을 **9.4 지속적 통합(240쪽)** 서버라는 전용 장비에 위탁할 수 있습니다. 방법은 매우 간단합니다. 버전 제어 시스템에 커밋할 때마다 전용 서버가 코드를 모두 가져 전체 테스트를 실행하고 완벽히 통합된 실행 파일을 빌드합니다. 코드 품질 검증을 수행하고 결과를 이전 커밋의 데이터와 비교함으로써 코드 품질에 대한 타임라인을 생성합니다. 이로써 품질을 항상 손쉽게 유지하면서 프로젝트를 빌드할 수 있죠.

여러 도구를 쓸 수 있는데요. 사용자 서버에는 자바 분야에서 가장 유명한 **9.4 지속적 통합(240쪽)** 시스템 중 하나인 젠킨스(Jenkins)[*]를 설치할 수 있습니다. 젠킨스는 테스트를 실행하고 품질 검증을 위한 플러그인도 상당수 포함합니다. 물론 전용 품질 분석 서버를 사용할 수도 있습니다. 가장 많이 쓰이는 제품은 소나큐브(SonarQube)[**]로 직접 호스팅하거나 제품 내 클라우드 솔루션을 사용할 수 있습니다. 특히 마지막 내용을 눈여겨 봅시다. Travis—CI[***]나 Codacy[****] 처럼 테스트와 품질 분석에 사용할 만한 클라우드 서비스도 다양합니다. 코드가 오픈 소스라면 무척 유용하겠죠.

하지만 소프트웨어 빌드와 테스트가 전부는 아닙니다. 납품도 해야 합니다.

9.5 생산 준비와 납품

생산으로 가면 모든 것이 바뀝니다. 고객은 지금까지 테스트되지 않았던 수많은 방법으로 소프트웨어를 사용하므로 요청 지연과 오류, 예상하지 못한 동작이 쇄도합니다. 고치려면 무엇이 이러한 문제를 야기했는지 통찰력이 필요하죠. 그러니 철저히 대비해야 합니다.

이러한 대비의 일환으로 로그, 수치, 대시보드, 알람 형태로 감시를 구현합니다. 우선 곧 설명할 **9.6 콘솔 출력 대신 로깅(243쪽)**을 해야 합니다. 이어서 모든 로그가 모일 중앙 위치를 설정합니다. 로그를 검색할 수 있고 로그를 분석하

---

[*]   https://jenkins.io/

[**]   https://www.sonarqube.org/

[***]   https://travis-ci.org/

[****] https://www.codacy.com/

고 수치를 계산해 대시보드에 시각화할 수 있다면 금상첨화입니다. 그러면 지난 24시간 동안 들어온 주문량과 같은 주요 통찰과 임계값을 이끌어낼 수 있겠죠. 또한 수치가 목표 임계값보다 낮으면 그 수치를 다시 볼 사람에게 경고할 수도 있습니다. 오픈 소스 엘라스틱 스택(Open Source Elastic Stack)*과 그레이로그 (Graylog)**가 이러한 작업에 걸맞습니다.

생산에서 발견되는 오류와 예외에는 특히 더 주목해야 합니다. 코드의 버그와 테스트의 허점을 드러내는 네온 사인으로서 스택 추적과 맥락 정보가 그야말로 제 역할을 하거든요. 그래서 자동으로 발생했던 모든 예외를 모으고 추적해야 하는 것입니다. 또한 데스크탑이나 모바일, 단일 페이지 애플리케이션을 개발 중이라면 프런트엔드도 잊지 마세요. 많은 예외가 여기서 일어납니다. 백엔드 에는 에어브레이크(Airbrake)***를, 프런트엔드에는 센트리(Sentry)****를 추천합니다.

하지만 생산에 아무리 대비하더라도 문제는 또 있습니다. **코드 한 줄 변경을 생산에 반영하는 데 얼마나 걸릴까요?** 현재 프로젝트를 기준으로 이 질문에 답할 수 있나요? 생산으로 가는 데 오래 걸릴수록 빨리 수정하거나 변경을 되돌리거나 준비된 새로운 기능을 출하하기 어렵습니다. 이때 **9.4 지속적 통합(240쪽)** 시스템이 큰 도움이 됩니다. 대부분 완전히 통합된 시스템을 빌드할 뿐만 아니라 그것을 생산환경에 배포하도록 설정할 수도 있거든요.

물론 전체 배포 전략을 이번 절에서 다룰 수는 없지만 더 알고 싶다면 이 주제를 중점적으로 다룬 훌륭한 책인 〈Release It(배포하세요)〉(위키북스, 2007)를 참고하세요.

---

*   https://www.elastic.co/products

**   https://www.graylog.org/

***   https://airbrake.io/

**** https://sentry.io

9.6 콘솔 출력 대신 로깅

```java
class LaunchChecklist {

    List<String> checks = Arrays.asList("Cabin Pressure",
                                        "Communication",
                                        "Engine");

    Status prepareAscend(Commander commander) {
        System.out.println("Prepare ascend");
        for (String check : checks) {
            if (commander.isFailing(check)) {
                System.out.println(check + " ··· FAILURE");
                System.err.println("Abort take off");
                return Status.ABORT_TAKE_OFF;
            }
            System.out.println(check + " ··· OK");
        }
        System.out.println("Read for take off");
        return Status.READY_FOR_TAKE_OFF;
    }
}
```

운이 좋다면 코드만 보아도 오류를 찾아낼 수 있습니다. 하지만 이러한 경우는 드물기 때문에 코드를 실행하고 메모리를 검사해 버그를 찾아야 합니다. 개발 환경에서는 보통 디버깅 모드를 사용해 실행을 중지하고 메모리를 살펴봅니다. 하지만 프로그램을 생산환경에 배포하고나면 더 이상 동작하지 않습니다. 이때 의미 있는 출력이 도움이 됩니다.

위 코드는 System.out.println()과 System.err.println()을 호출해 프로그램의 상태를 관찰합니다. 오류는 System.err로, 그 외 나머지 정보는 System.out으로 갑니다. 이러한 분리로 코드는 필요할 수 있는 모든 정보를 이미 제공하고 있습니다. 그런가요?

흠, 물론 아닙니다. 실제로 많이 빠져 있습니다. 아래와 같은 정보를 모릅니다.

- 명령문이 언제 출력되는지
- 출력하는 코드 행 수
- 메서드 매개변수의 값
- 출력된 명령문의 중요도가 모두 같은지

그뿐만 아닙니다. 명령문이 모두 콘솔로 가니 일부만 파일로 가도록 작성할 수 없고 정보가 필요한 사람들에게 이메일로 주요 정보를 전송할 수 없습니다. 한 가지 더 중요한 사실은 문자열 병합은 비용이 큰데 위 코드에서는 꼭 알아야 할 정보가 아닌데도 항상 병합하고 있다는 점입니다.

적절한 로깅 프레임워크를 사용하면 문제를 해결할 수 있습니다.

```java
class LaunchChecklist {

    private static final Logger LOGGER =
            LogManager.getLogger(LaunchChecklist.class)

    List<String> checks = Arrays.asList("Cabin Pressure",
                                        "Communication",
                                        "Engine");

    Status prepareAscend(Commander commander) {
        LOGGER.info("{}: Prepare ascend", commander);
        LOGGER.debug("{} Checks: {}", checks.size(), checks);
        for (String check : checks) {
            if (commander.isFailing(check)) {
                LOGGER.warn("{}: {} ··· FAILURE", commander, check);
                LOGGER.error("{}: Abort take off!", commander);

                return Status.ABORT_TAKE_OFF;
            }
            LOGGER.info("{}: {} ··· OK", commander, check);
        }
        LOGGER.info("{}: Read for take off!", commander);
        return Status.READY_FOR_TAKE_OFF;
    }
}
```

자바에는 로깅 프레임워크가 많으며 그것을 둘러싼 독선적인 논쟁도 많습니다. 저자가 알기로는 Log4j*가 가장 널리 쓰이는 프레임워크 중 하나이므로 예제에서 사용했습니다. Log4j를 활용하면 전체 프로그램을 아우르는 설정에 기반해 클래스에 특화된 메시지를 작성하는 내부 Logger를 사용할 수 있습니다.

로거는 무수한 정보를 자동으로 작성하므로 로그를 추적하기 쉽습니다. 로거는 명령문을 실행한 시각과 코드 행을 로깅합니다. 또한 명령문에 사용된 매개변수를 통해 전체 맥락 정보도 쉽게 기록합니다.

로깅 프레임워크 설정을 통해 어떤 로그 명령문은 파일에 저장하고 어떤 것은 네트워크로 보내고 심지어 어떤 것은 원하는 콘솔에 출력할 수도 있습니다. 그뿐만 아니라 적절한 메서드를 호출함으로써 debug, info, warn, error, fatal 등의 로그 수준으로 명령문의 심각도를 표현할 수도 있습니다. 실행 도중에는 주요 메시지만 로깅하고 나머지는 제외하도록 로거를 실정할 수도 있고요. 디버그 메시지를 모두 작성하지 않는 것만으로도 엄청난 성능 향상을 가져올 수 있습니다. 정리해보면 로깅 프레임워크를 사용하더라도 (프로그램에 또 다른 라이브러리를 추가하는 것만 빼면) 실제로 아무 단점도 없습니다. 그래서 모든 생산 애플리케이션에서 로깅 프레임워크를 쓰게 되는 것이죠.

9.7 다중 스레드 코드 최소화 및 독립

지금까지 9장에서는 개발을 생산환경으로 어떻게 효율적으로 옮기는지 조언했습니다. 하지만 먼저 생산에서 프로그램을 반드시 실행할 수 있어야 합니다. 이때 가장 필요한 것이 오늘날 장비의 다중 코어 기능을 활용하는 동시 실행

---

* logging.apache.org/log4j에서 받을 수 있습니다. 대중적인 로깅 퍼사드인 SLF4J(slf4j.org)도 지원합니다.

(concurrency)입니다. 책 분량이 두 배로 불어날까봐 지금까지 거의 다루지 않았던 내용이죠. 그럼에도 불구하고 이어지는 페이지에서 몇 가지 기초 조언과 함께 더 찾아볼 수 있는 참고자료를 제공하겠습니다.

동시 실행은 이해하기 어렵고 올바르게 코딩하기는 더더욱 어렵습니다. 동시 실행 소프트웨어 내 버그는 심각한 문제를 야기하고 사고조사에 따르면 목숨을 앗아가기도 합니다. 나쁜 소식은 그뿐만이 아니어서 동시 실행 코드의 정확성을 확인하는 테스트와 정적 분석도 형편없기로 유명합니다. 비용은 들어도 코드를 직접 리뷰하는 편이 대부분 더 도움이 됩니다.

그러면 이럴 때 어떻게 해야 할까요? 음, 우선 성능 벤치마크에서 심각한 결과가 나오는 등 적절한 근거가 생기기 전에는 때이른 최적화와 다중 스레드 코딩은 하지 맙시다. 다음 해결책은 충분히 빨라야 한다는 생각을 맨 먼저 떠올려야 합니다. 코드를 측정한 후 너무 느릴 때만 다중 스레드를 활용하세요.

그래도 동시 실행 코드를 작성한다면 프로그램을 훌륭히 구조화하는 데 집중해야 합니다. 코드 기반에서 최소한의 패키지에만 제한시키는 등 가능하면 다중 스레드 코드를 독립적으로 분리시키고 완벽히 설명하길 바랍니다.

그와 더불어 최대한 **7.4 가변 상태보다 불변 상태 사용하기(192쪽)** 상태로 만들어야 합니다. 가변 데이터는 경합 조건(race condition)이나 갱신 무효(lost update)와 같은 동시 실행 버그를 일으키기 쉽습니다. 가변 데이터가 적을수록 이러한 버그가 발생할 가능성도 줄어듭니다.

그러니 코드 내 가변 데이터에 동시 접근이 어떻게 이루어지는지 특히 데이터를 동시 실행 버그로부터 어떻게 보호하는지 잘 설명하세요. 유명한 책이자 자바 동시 실행에 대한 핵심 세부 사항을 모두 설명하고 있는 자바 동시 실행 실전에 나오는 JCIP 표기를 사용하길 바랍니다.

9.8 고급 동시 실행 추상화 사용하기

가끔(사실 대부분) 프로그램을 다중 스레드로 만들어야 합니다. 예를 들어 웹 애플리케이션은 동시에 여러 사용자를 처리해야 할 수 있습니다. 또는 사용자 와 화면 간 상호작용은 UI 스레드로, 계산 집약적 작업은 백그라운드 스레드로 실행하는 데스크탑이나 안드로이드 애플리케이션을 만들어야 할 수 있습니다.

이러한 경우, 전형적으로 공유 메모리를 통해 스레드 간 커뮤니케이션을 수행 합니다. 한 스레드가 다른 변수가 읽을 변수를 작성하고 또 그 반대로도요. 자 바는 처음 개발되었을 때부터 내장 스레드 모델과 동기화 프리미티브(primitive) 를 지원해왔습니다. 당시 다른 고급 언어와 비교하면 주요 장점 중 하나였죠.

동기화 프리미티브는 volatile과 synchronized와 같은 키워드로 코드 내 임계 영역(critical section)을 표시할 때 사용합니다. 또한 Thread 클래스의 start()와 join() 메서드로 스레드를 처리할 수 있고 Object에 wait()와 notify()를 사 용해 스레드를 잠들게 하거나 깨울 수 있습니다. 이러한 프리미티브로 잘 동작 하니 그들만으로도 정확한 다중 스레드 프로그램을 만들 수 있죠. 하지만 잘못 사용하기 쉽고 공정성(fairness)과 같은 특수한 다중 스레드 요구사항을 만족시키 기 까다롭습니다.

자바의 동시 실행 프리미티브는 과거에 머물러 있습니다. 언어는 끊임없이 진화해왔고 동시 실행 코드 작성에 쓰이는 고급 클래스 면에서 눈부신 향상 을 보였습니다. 이 책에서 적당히 다룰 수 있는 수준은 아니지만 Semaphore나 CountDownLatch, CyclingBarrier와 같은 동기화 클래스와 AtomicInteger, LongAdder, ConcurrentHashMap, CopyOnWriteArrayList, BlockingQueue와 같 은 자료 구조를 예로 들 수 있죠.

이러한 클래스를 올바르게 사용하려면 자바 메모리 모델(Java Memory Model)과 모델 내 상태 변경 간 전후 관계가 어떻게 동작하는지 완벽히 이해해야 합니다.

언젠가 이러한 주제를 다룬 두 번째 책을 낼지도 모르지만 그러지 못하더라도
기다리고 있을 독자를 위해 이 주제를 다룬 훌륭한 책이 몇 권 나와 있습니다.
앞에서 언급했던 〈자바 동시 실행 실전〉과 〈JVM에서 동시 실행 프로그래밍〉
등입니다.

9.9 / 프로그램 속도 향상

```
class Inventory {

    List<Supply> supplies;

    long countDifferentKinds() {
        return supplies.stream()
                       .sequential() // 생략 가능
                       .filter(Supply::isUncontaminated)
                       .map(Supply::getName)
                       .distinct()
                       .count();
    }
}
```

이 책은 동시 실행에 대한 책은 아니지만 동시 실행으로 코드를 어떻게 빠르게
만드는지 보여주는 구체적인 힌트나 비교 하나 없이 지나치고 싶지는 않습니
다. 위 코드가 **8.2 명령형 방식 대신 함수형(209쪽)**에서 보았던 코드임을 아마도
눈치챘을 겁니다.

코드를 자세히 보면 sequential() 메서드를 호출합니다. 이렇게 호출하면 전
체 스트림이 원소를 순차적으로 처리합니다. 한 번에 한 원소씩 연산하죠. 사실
stream()으로 생성한 스트림은 기본적으로 이렇게 동작하므로 메서드를 명시

적으로 호출할 필요가 없지만 요점을 짚으려고 넣었습니다. 리스트 내 원소를 순차적으로 처리하면 당연히 수백 개로 이루어진 리스트보다 수백만 개로 이루어진 리스트를 처리하는 데 더 오래 걸리겠죠. 벤치마크를 수행해 이 코드가 해당 애플리케이션 시나리오에서 너무 느리다는 사실을 알아냈다고 가정합시다. 하지만 어떡해야 **더 빨라질까요?**

전체 연산을 순차적으로 처리하면 기껏해야 CPU 내 코어 하나가 결과를 계산합니다. 하지만 (핸드폰을 포함해) 오늘날 컴퓨터에는 코어가 여러 개로 대부분 4~8개입니다. 즉 모든 코어를 동시에 실행하면 프로그램이 빨라진다는 뜻이죠.

위 코드에서처럼 부수 효과가 없는 순차적 스트림은 (잠재적으로) 작업을 코어 여러 개에 분산해 병렬로 작업을 실행할 수 있습니다. 제품 하나만 사용하는 연산이므로 제품 수백만 개에 filter() 연산을 **동시에** 적용할 수 있습니다. map()도 다른 항목에 의존하지 않으므로 필터를 통과한 항목은 바로 map()을 사용해 변환됩니다. 심지어 distinct()와 count() 연산자조차 filter()와 map() 연산자처럼 직관적인 방식이 아니더라도 어느 정도 병렬화할 수 있습니다.

그러면 여러 코어에 작업을 분산해 프로그램을 어떻게 빠르게 만들 수 있을까요?

```
class Inventory {

    List<Supply> supplies;

    long countDifferentKinds() {
        return supplies.stream()
                    .parallel()
                    .filter(Supply::isUncontaminated)
                    .map(Supply::getName)
                    .distinct()
                    .count();
    }
}
```

일반적으로 순차 코드를 병렬 코드로 변환하려면 고액의 보수를 받는 전문가가 필요합니다. 하지만 스트림이 지닌 수많은 이점 중 하나는 매우 쉽게 병렬화할 수 있다는 점이죠. 심지어 명시적으로 다중 스레드 코드를 작성할 필요도 없습니다.

스트림은 계산 방법의 세부 사항을 일일이 열거하는 대신 무엇을 계산해야 하는지만 정의한다고 했습니다. 이제 어떡해야 하는지 실제로 설명하지 말고 스트림에게 병렬로 무엇을 실행해야 하는지 알려줌으로써 이러한 패러다임의 정점에 도달해 봅시다. 스트림을 sequential()에서 parallel()로 바꾸기만 하면 됩니다.

자, 보세요! 전체 연산을 내부적으로 병렬화했습니다. 어떤 Collection에서든 streamParallel()을 써서 직접 병렬 스트림을 생성할 수 있습니다. 하지만 그 외 많은 메서드는 병렬 스트림을 생성할 때 이처럼 편리한 메서드를 제공하지 않으므로 parallel()을 더 다용도로 사용할 수 있죠.

시스템 내 사용 가능한 코어 수가 n이라고 할 때, 때로는 쉽게 n배 빠르게 성능을 올릴 수 있습니다. JVM은 내부적으로 모든 병렬 스트림 간 공유되는 스레드 풀을 제공합니다.

하지만 이 방법은 부수 효과가 없는 스트림일 때와 매 처리 단계가 서로 독립적일 때만 동작한다는 것을 잊지 마세요. sort()나 forEachOrdered()처럼 스트림을 다시 동기화시키는 연산을 사용하면 오버헤드가 무척 큽니다. 이때는 실제로 sequential() 연산이 더 빠를 수도 있습니다. 그러니 이러한 방법으로 성능 향상을 꾀할 때는 항상 코드를 벤치마크해 의도한 효과만큼 향상되는지 확인해야 합니다.

스트림의 일부만 병렬화하는 것은 불가능합니다. 스트림 내에서 sequential()이나 parallel()을 여러 번 호출하면 마지막 호출만 유효합니다.

9.10 틀린 가정 알기

```java
class NameTag {

    final String name;

    NameTag(String fullName) {
        this.name = parse(fullName).toUpperCase();
    }

    String parse(String fullName) {
        String[] components = fullName.split("[,¦ ]");
        if (components == null ¦¦ components.length < 2) {
            return fullName;
        }
        if (fullName.contains(",")) {
            return components[0];
        } else {
            return components[components.length - 1];
        }
    }
}
```

독특한 비교로 이 책을 마무리하겠습니다. 어떤 도메인에서 작업하든 코드는 실제 세계를 이해한 만큼만 좋아질 뿐 더 이상 나아지지 않습니다. 게다가 실제 세계는 복잡합니다. 그래서 함부로 너무 많이 가정하면 안 되고 틀렸다고 증명될 상황에 대처하려고 코드를 유연하게 만들어도 안 됩니다.

위 코드는 어떤 사람의 전체 이름을 받아 특수한 형식의 이름표로 변환하는 NameTag 클래스입니다. 예를 들어 "Neil Alden Armstrong"은 "ARMSTRONG" 이라는 이름표로 나옵니다. 여백이나 콤마로 구분된 일반적인 형식으로 전체 이름을 제공할 것으로 가정했습니다. 또한 첫 번째와 두 번째 이름은 마지막 이름 앞에 나오거나 반대로 콤마로 구분된 첫 번째 이름 앞에 마지막 이름이 나옵니다.

형식에 대한 이와 같은 여러 가정은 깨지기 쉽습니다. 두 번째로 달에 간 사람의 이름은 "Edwin Eugene Aldrin. Jr."입니다. 알고리즘은 그의 첫 번째 이름인 "EDWIN"을 반환하겠죠. 이름은 복잡할 뿐만 아니라 잘못될 수도 있는 요소가 훨씬 많습니다. 아래 표를 보세요.

Name	Computed Tag	Expected Tag	Correct?
Neil Alden Armstrong	ARMSTRONG	ARMSTRONG	✓
Edwin Eugene Aldrin, Jr.	EDWIN	ALDRIN	✗
費俊龍	費俊龍	費	✗

그러면 가정이 틀렸다고 증명되면 어떡해야 할까요?

```
class NameTag {

    final String name;

    NameTag(String name) {
        Objects.requireNonNull(name);
        this.name = name;
    }
}
```

위 표를 기반으로 단위 테스트를 만들고 그러한 이름을 처리하도록 코딩할 수 있습니다. 하지만 이름 철자를 쓰고 구성하는 방법을 보여주는 소수 예일 뿐이고 당연히 불완전합니다. 현실적으로 조합은 더 많을 것이고 철자로 쓰이지 않았던 이름도 많겠죠.

이 모든 문제를 해결할 더 간단하고 나은 방법이 있습니다. 코드에서 너무 많이 가정하지 말고 그 작업을 그냥 클래스의 사용자에게 넘기는 것입니다. 사용자가 이름표를 직접 설정하게 하고 null이 아닌 유효한 String만 이름표로 허용합니다. 형식에 대해 상세히 알지 못하면 최소한으로 가정하는 것이 최선입니다.

다소 이상해보일 수도 있지만 W3C[*]가 제공하는 전 세계 이름에 대한 개요를 한 번 보세요. 이름은 정말 복잡합니다. 각 문화마다 이름을 짓는 각자의 방식 (실제로는 여러 방식!)이 있습니다. 아무 맥락 없이 이름의 어느 부분을 성으로 정하는 것은 불가능합니다.

어떤 이름, 심지어 매우 간단한 이름도 다른 측면에서는 특이하며 그로 인해 문제가 생길 수 있습니다. Christopher Null[**]의 경우를 보면 마지막 이름이 저런, "Null"이어서 웹 상에서 많은 양식을 제출하지 못했을 거예요. 어떤 프레임워크와 프로그램은 그의 이름을 null 참조로 해석해 이 불쌍한 남자가 그의 이름을 양식에 넣지 못하게 했겠죠.

하지만 틀린 가정[***]은 더 있습니다. 이메일 주소, 우편번호, CSV 파일, 즐겨 쓰이는 표준 시간대 등이죠. 두 국지적인 지역 간 낮의 차이를 분 단위로 **올바르게** 계산하기란 엄청 어렵습니다.

이번 절에서는 프로그래밍할 때 가정에 주의해야 한다는 점을 주지시키고 싶었습니다. 이론상으로는 괜찮을지 모르지만 실제로 종종 프로그램을 고장내곤 합니다. 현실 세계에 맞도록 코드를 준비하려면 순전히 가정만으로 코드가 이끌려 가기 전에 항상 한 번 더 생각하세요.

9.11 9장에서 배운 내용

드디어 해냈군요! 이 책은 여기서 끝납니다. 긴 여정을 함께 해주어 매우 기쁘고 이 여정이 보상으로 기억에 남았으면 좋겠습니다. 여기까지 오며 정말 많이

---

[*] https://www.w3.org/International/questions/qa-personal-names.en

[**] https://www.wired.com/2015/11/null/

[***] https://github.com/kdeldycke/awesome-falsehood

배웠습니다.

지금까지 고품질 코드가 무엇인지 더 분명히 이해할 수 있도록 코드 방식과 주석, 명명, 예외, 테스트, 객체 지향 디자인, 함수형 프로그래밍을 아우르는 70가지 예제를 다루었습니다.

이제 아래처럼 할 수 있습니다.

- 문제가 될 만한 자바 코드를 빠르게 찾아 향상시키는 방법을 안다.
- 일반적인 버그 유형을 알아채고 피하는 방법을 안다.
- 코드에 대한 이론적 설명과 코드의 간결성을 동료 프로그래머에게 설명할 수 있다.

이뿐만이 아닙니다. 마지막 장에서는 실제 소프트웨어 개발의 여러 모범 사례를 뒷받침하는 기초 개념을 배웠습니다. 정적 코드 분석에서 생산까지의 과정, 자바 포맷 합의, **9.3 빌드 자동화(238쪽)**, 최종 납품과의 통합을 다루었습니다. 현실에서 프로그램을 실행시켜줄 도구인 동시 실행을 배웠고 신중히 적용해야 한다는 것도 알게 되었습니다. 어쨌든 막강한 힘에는 엄청난 위험, 즉 새로운 종류의 버그가 따르니까요. 마지막으로 프로그래밍을 하려면 세계에 대한 가정에 항상 의문을 제기해야 한다고 배웠습니다.

다양한 비교를 통틀어 훌륭한 책을 많이 참조했으니 더 자세히 알려면 어디서부터 찾아보아야 할지 알 거예요. 아직 읽어본 적이 없다면 몇 번이든 추천하고 싶은 두 권의 고전이 있습니다.

- 〈이펙티브 자바 3판〉(인사이트, 2018)
- 〈클린 코드〉(인사이트, 2013)

이 책의 부제를 "자바 장인으로 거듭나는 70가지 예제"라고 정했습니다. 책을 읽는 것이 전부가 아니라 실제로 원리를 적용해보라는 의도를 분명히 하고 싶어서요. 그러니 꼭 연습하세요. 연습하며 이 책의 비교를 발판 삼아 더 나은 코드를 만드세요. 자바 장인이 되기 위해서라도 (무조건) 경험을 쌓아야 하니 문제 발생에 주의하며 작성한 코드와 리뷰한 코드에 해결책을 적용해보세요!

[Blo18] Joshua Bloch. Effective Java. Addison—Wesley, Boston, MA, 2018.
〈이펙티브 자바 3판〉(인사이트, 2018)

[DMG07] Paul Duvall, Steve Matyas, and Andrew Glover. Continuous Integration: Improving Software Quality and Reducing Risk. Addison—Wesley, Boston, MA, 2007.
〈지속적인 통합〉(위키북스, 2008)

[DMHL18] Linus Dietz, Johannes Manner, Simon Harrer, and Jörg Lenhard. Teaching Clean Code. Proceedings of the 1st Workshop on Innovative Software Engineering Education. 2018, March.

[GHJV95] Erich Gamma, Richard Helm, Ralph Johnson, and John Vlissides. Design Patterns: Elements of Reusable Object—Oriented Software. Addison—Wesley, Boston, MA, 1995.
〈GoF의 디자인 패턴〉(프로텍미디어, 2015)

[Goe06] Brian Goetz. Java Concurrency in Practice. Addison—Wesley, Boston, MA, 2006.

[Gol91] David Goldberg. What Every Computer Scientist Should Know About Floating—Point Arithmetic. Computing Surveys. 23[1], 1991.

[LHT15] Jeff Langr, Andy Hunt, and Dave Thomas. Pragmatic Unit Testing in Java 8 with JUnit. The Pragmatic Bookshelf, Raleigh, NC, 2015.
〈자바와 JUnit을 활용한 실용주의 단위 테스트〉(길벗, 2019)

[LT93] Nancy Leveson and Clark Turner. An Investigation of the Therac—25 Accidents. IEEE Computer. 26[7], 1993.

[Mar02] Robert C. Martin. Agile Software Development, Principles, Patterns, and Practices. Prentice Hall, Englewood Cliffs, NJ, 2002.

[Mar08] Robert C. Martin. Clean Code: A Handbook of Agile Software Craftsmanship. Prentice Hall, Englewood Cliffs, NJ, 2008.
〈클린 코드〉(인사이트, 2013)

[Nyg18] Michael Nygard. Release It! Second Edition. The Pragmatic Bookshelf, Raleigh, NC, 2018.
〈Release It 배포하세요〉(위키북스, 2007)

[Sub11] Venkat Subramaniam. Programming Concurrency on the JVM. The Pragmatic Bookshelf, Raleigh, NC, 2011.

[Sub14] Venkat Subramaniam. Functional Programming in Java. The Pragmatic Bookshelf, Raleigh, NC, 2014.

[ZCTZ13] Uwe Zdun, Rafael Capilla, Huy Tran, and Olaf Zimmermann. Sustainable Architectural Design Decisions. IEEE Software. 30[6], 2013.

A

activeDutySince 124

Airbrake 242

Ant 239

ArrayList 191

assertAll() 161

assertArrayEquals() 161

assertEquals() 161, 162

assertFalse() 161

AssertionError 048

assertIterableEquals() 161

assertLinesMatch() 161

assertNotEquals() 161

assertRoundTrip() 176

assertSame() 161

assertThrows() 169

assertTimeout() 161

assertTrue() 159, 161

authorizeUser() 046

AutoCloseable 146

B

binarySearch 091

BufferedWriter 148

C

CamelCase 109

CargoShip 098

checked exception 221

Christopher Null 253

ClassCastException 143

code symmetry 052

collect() 218

Collection 065

Collectors.counting() 219

ConcurrentHashMap 236

ConcurrentModificationException 065

ConsoleBasedFizzBuzz 015

count() 249

createHalfFilledTank() 174

critical section 247

CSV 119

D

default 케이스 048

defensive copying 200

delta 166

DirectoryStream 145

Distance 195

distinct() 249

E

Elastic Stack 242

employedSince 124

Error Prone 236

Exception 132

Executable 170

F

fail() 167

failOverfillTank() 171

fall—through bug 053

FileNotFoundException 134

Files.write() 045

filter() 249

final 194

FizzBuzz 015

for—each 066

forEachOrdered() 250

Function 214

G

getAverageTankFillingPercent() 090

getContaminatedSupplies() 190

getConversionRate() 086

getSupplies() 200

Git 085

Given—When—Then 157

graceful continuation 083

Gradle 239

grantAdminAccess() 050

Graylog 242

groupingBy() 219

H

holes 196

Hull 196

HullRepairUnit 196

I

ifPresent() 225

IllegalArgumentException 134, 180

impedance mismatch 229

InputStream 142

instanceof 143

invariant 099

Inventory 190

IOException 133, 167

isContaminated() 065

isHumanoid() 037

isInorganic() 037

isOrganic() 037

J

Java Bean 112

JavaDoc 095

java.lang.AssertionError 160

java.util.stream 212

join() 247

JUnit 157

L

lastname 124

LaunchChecklist 084

LinkedList 191

List 065

Log4j 245

Logbook 043, 185

logistics 패키지 096

lost update 246

M

MalformedMessageException 141

map() 249

Maven 239

method reference 213

missions 124

N

NameTag 251

NoSuchElementException 202

NotDirectoryException 151

notify() 247

null 044

null 검증 180

null object 202

NullPointerException 032, 043, 132

NumberFormatException 133

O

Objects.requireNonNull() 046, 227

Optional 224

Optional.empty() 225, 227

Optional.ofNullable() 228

Order 196

OrderManager 196

orElseThrow() 230

OutOfMemoryError 132

P

parallel() 250

Pattern.COMMENTS 094

placeholder 073

precondition 104

Predicate 214

prepareLaunch() 084

Q

Queue 065

R

race condition 246

rank 124

rawMessage 140

readEntries() 188

reduce() 218

regex 067

regular expression 067

reset() 228

resource leak 145

role 124

roundToIntegerPercent() 090

RuntimeException 142, 221

S

Sentry 242

sequential() 248, 250

serializeAsLine() 123

Set 065

setPreset() 060

setTargetSpeedKmh() 129

side effect 215

Single Abstract Method 208

sort() 250

SpaceNations 201

speedPreset 060

Stack 191

StandardOpenOptions 045

start() 247

static analysis tool 235

stockUp() 191

stream() 248

streamParallel() 250

String.format() 073

String.replaceAll() 068

StringTemplate 074

supply 065

synchronized 247

System.err 243

System.err.println() 243

System.out 243

System.out.printf() 073

System.out.println() 243

T

Thread 247

Throwable 132

toCSV() 124

TODO 주석 083

TransmissionParserTest 178

travels 124

trim() 039

try-with-resources 146, 149

U

UncheckedIOException 221

unmodifiableList( ) 200

UnsupportedOperationException 200

User 196

UserController 196

V

Value Object 195

volatile 247

W

wait( ) 247

willCrewSurvive( ) 042

writeToCaptainLog( ) 187

writeToCrewLog( ) 187

ㄱ

가변 상태 192

간결한 명명 121

값 객체 195

객체 디자인 183

갱신 무효 246

검증된 예외 221

경계 케이스 178

경합 조건 246

구조적 디자인 결정 092

구체적인 예외 131

구체 타입 190

구현 결정 090

권한을 부여하는 코드 052

그레이들 239

그레이로그 242

그루핑 069

깃 085

ㄴ

널 객체 202

널 반환 201

ㄷ

다중 반환문 035

다중 스레드 245

단위 테스트 157

단일 반환문 035

단일 추상 메서드 208

데이터 흐름 205

도메인 용어 122

독립형 테스트 172

드 모르간의 법칙 039

ㄹ

람다 207

로그 수준 245

로깅 243

ㅁ

맞춤형 예외 141

매개변수 177

매직 넘버 057

메서드 분할 185

메서드 참조 213

메이븐 239

명명 규칙 109

무의미한 용어 120

ㅂ

방어 복사 200

백엔드 242

버전 관리 도구 085

변수로 원인 노출 139

부동소수점 165

부수 효과 215

부정 피하기 035

불 매개변수 185

불변 상태 192

불 산술 연산 039

불 표현식 038

불 표현식 간소화 040

비용 092

빈 catch 블록 150

빌드 자동화 238

빠른 실패 129

ㅅ

사용 사례 092

상수 059, 086

상태와 동작의 결합 196

생성자 103

서식 문자열 072

서식화 072

선택 필드 226

센트리 242

수직 서식화 071

스위치 실패 피하기 045

실패 버그 053

ㅇ

앤트 239

어서션 159

에어브레이크 242

엘라스틱 스택 242

열거형 059

온화한 지속 083

옵셔널 223

옵션 매개변수 187
우려사항 092
원인 사슬 136
위치 지정자 073
유용한 괄호 041
유틸리티 메서드 088
익명 클래스 207
임계 영역 247
임피던스 불일치 229

ㅈ

자바 빈 112
자원 누출 145
전제 조건 104
정규식 067
정적 분석 도구 235
조건 불변 099
주석 081
주석 모드 094
지속적 통합 240

ㅊ

참조 누수 198
추상 타입 190
축약 117

ㅋ

켄트 벡 052
코드 대칭 051
코드 대칭성 052
콘솔 출력 243
클링온 180

ㅌ

테스트 구조화 157
테스트 매개변수화 175
트레이드 오프 092
틀린 가정 251

ㅍ

파일 오픈 옵션 045
프런트엔드 242

ㅎ

해법 092
허용값 164
훌륭한 디자인 187

기호

〈pre〉 102
@author 097

@BeforeAll 173

@BeforeEach 173

@Disabled 172

@DisplayName 171

@link 097, 098

@param 101

@ParameterizedTest 177

[ProductionClass]Test 170

@return 101

@see 102, 105

@since 096

@Test 157

@throws 102, 104

@ValueSource 177

@version 096